La campagne d'Italie chroniques de la guerre en 859. par le B^n. de Barancourt. 2.V. 8°. avec cartes et plans. amyot. Paris. J.O. Deb. 14.7.60. art I de M. Saint ange. — Art II J.O.D 12.7.60. L'ouvrage de M. de Barancourt et spécialement composé au point de vue militaire et pour la gloire de l'armée.

LA

GUERRE D'ITALIE

EXPOSÉ

ET PLANS DES HOSTILITÉS.

BULLETIN HEBDOMADAIRE.

Bruxelles,

Vᵉ PARENT & FILS, ÉDITEUR, MONTAGNE DE SION, 17.

—

1859.

GUERRE D'ITALIE.

Nous ne nous attacherons pas à rechercher les causes
de la guerre dont nous entreprenons de raconter suc-
cinctement l'histoire, car cela pourrait nous entraîner
trop loin dans le passé. Qui sait d'ailleurs si dans
dix ans ces causes seront connues? Prenons les événements au début des hostilités qui a eu lieu aux
Tuileries, le 1ᵉʳ janvier de cette année, lors de la
présentation du corps diplomatique à l'Empereur Napoléon.

« Je regrette, monsieur l'ambassadeur, a dit S. M. I.
à M. le comte de Hubner, que les rapports de mon gou-

vernement avec celui de l'Empereur François-Joseph soient aussi mauvais qu'ils le sont. »

Or, les rapports de la cour des Tuileries avec la cour de Vienne, qui effectivement étaient déjà très-tendus depuis le jour de la signature du traité de Paris, le devenaient tous les jours davantage, par suite des menées de la France pour violer ce traité, en s'efforçant de réunir les principautés Danubiennes au lieu de les laisser divisées, de manière à mettre un rempart sérieux au débordement de l'Autriche vers le Levant. Après la réception du jour de l'an, il ne restait guère à M. de Hubner qu'à réclamer ses passe-ports. Mais il n'était pas dans les allures de la politique autrichienne de brûler si promptement ses vaisseaux. Il importait d'abord qu'elle fût en mesure de résister aux menées révolutionnaires entretenues en Sardaigne sous le protectorat de la France.

L'Autriche laissa donc son ambassadeur à Paris, malgré les difficultés de sa position, et elle commença sans ostentation la mise sur pied de guerre de son armée.

Bientôt des mouvements de troupes furent signalés sur tous les points de l'empire, et des troupes allèrent renforcer successivement les garnisons de Trente, Trévise, Trieste, Venise, Padoue, Vérone, Brescia, Bergame, Sandrio, Monza et Milan, siége de la domination autrichienne en Lombardie, enfin Lodi et Pavie, qui est une des clés de la Lombardie sur le Tessin, comme Strasbourg est une des têtes de pont de la France sur le Rhin.

On comprend quelle fut dès lors l'agitation du Piémont, qui venait de s'allier ostensiblement à la France par le mariage du prince Napoléon avec la princesse Clotilde, et qui se sentait appuyé par l'empereur. Jusque-là son attitude n'avait guère été que défensive, — au moins le gouvernement du Roi s'efforçait-il de lui conserver ce caractère; — elle devint ouvertement agressive. Aussi comprit-on bientôt que la guerre était devenue inévitable et éclaterait au premier moment, au premier malentendu.

Mais avant tout, exposons rapidement la situation topographique du champ d'opération.

Le Lombard-Vénitien, qui est divisé en deux gouvernements, celui de Milan et celui de Venise, est séparé de la Sardaigne par le Tessin, qui forme la limite nord-est de ce dernier royaume, depuis le Lac-Majeur jusqu'au delà de Pavie, à la hauteur de San-Giovani dans le duché de Plaisance. Le Tessin est un cours d'eau assez considérable, parce qu'il est entièrement canalisé, ce qui favorise la navigation dans la haute Italie. On suivra facilement sur la carte, jointe à ce numéro, le cours de cette rivière, depuis Arona jusqu'au-dessous de Pavie. Quant au Pô, qui est le fleuve le plus important du versant de l'Adriatique et de toute l'Italie, il prend sa source au pied des Alpes, et, dans son parcours vers la Lombardie, relie successivement Turin, Casale et Valence à Pavie.

La ligne du Tessin était donc le premier point à défendre, par l'armée sarde, contre une invasion, mais que pouvait faire une armée qu'on n'aurait pu élever à plus de cent mille hommes avec tous ses volontaires ? On ne pouvait pas songer à la défense de cette ligne. Aussi le gouvernement sarde se borna-t-il à faire occuper par des garnisons considérables Mortara, Novare, Verceil Casale, Turin siége du gouvernement, et surtout Alexandrie, base des opérations, qu'on s'attachait depuis longtemps à mettre en état de défense, de manière à résister à un long siége.

En ce temps-là, les rapports devenant insoutenables

entre la France et l'Autriche, l'Angleterre se mit de la partie, et, de commun accord avec l'Empereur Napoléon, elle envoya lord Cowley en ambassade à Vienne, plutôt alors en vue de tirer Napoléon d'une position fâcheuse que d'être agréable à l'Empereur François-Joseph, car l'Allemagne entière prenait feu, et de toutes parts les organes de la presse, interprètes fidèles de l'opinion publique, ne parlaient de rien moins que de marcher sur Paris, pour renverser un système gouvernemental et une puissance qui remettaient à tous moments la paix de l'Europe en question.

Nous avons sur la mission de lord Cowley, des détails inédits ou qui du moins ne se sont pas répandus en dehors du monde diplomatique. Il paraît que d'abord l'Empereur François-Joseph était si mal préparé à des négociations, qu'il répugnait à recevoir l'ambassadeur. Il le reçut néanmoins, sur les instances de M. de Buol, mais commença par lui déclarer qu'il fallait une leçon à Napoléon III, et que ce serait lui, François-Joseph, qui la lui donnerait. Ces paroles, transmises à la cour des Tuileries par le télégraphe, obtinrent pour toute réponse : S'il me faut une leçon, ce n'est pas ce jeune homme qui me la donnera.

C'est quelque temps après cet incident que, le 1er mars, lord Malmesbury annonça à la Chambre des lords l'insuccès de l'ambassadeur anglais, au moment où les organes de la presse impériale française assuraient que le gouvernement venait de traiter avec la Compagnie du chemin de fer Victor-Emmanuel pour le transport des troupes en Italie par le Mont-Cénis.

Le 4 mars on apprit que les grandes puissances s'efforçaient de résoudre pacifiquement la question italienne et le ministre des affaires étrangères de Prusse, M. de Schleïnitz, déclarait à la tribune que le gouvernement prussien ne prendrait aucun engagement pour le cas de guerre. Cette déclaration du cabinet de Berlin fut immédiatement suivie de l'envoi par le cabinet de Vienne d'une dépêche circulaire à ses agents diplomatiques, tendante à prouver que les intérêts de l'Autriche en Italie étaient aussi ceux de la Confédération tout entière.

Sur ces entrefaites, le *Moniteur universel* publia un article auquel personne ne crut, pour expliquer comme quoi la question d'Italie était entrée dans la voie diplomatique.

Le 10, l'Angleterre ordonne l'armement de 300 chaloupes canonnières, et l'on apprend qu'elle est d'accord avec la Prusse pour faire respecter dans toute leur intégrité les traités de 1815.

Dès lors, il n'est pas jusqu'au pape qui ne songe à réorganiser son armée. L'Europe entière est prête à prendre les armes, une foule de volontaires italiens s'enrolent dans l'armée sarde, l'agitation de l'Allemagne devient si inquiétante qu'un nouvel article attribué à l'Empereur Napoléon paraît au *Moniteur universel* en vue de calmer les esprits; mais à Vienne, dans les hautes régions politiques comme dans toutes les classes de la population, on se prononce pour une politique énergique et l'on veut la guerre. Les armements continuent dans des proportions redoutables. Des armées puissantes sont concentrées sur Vienne où un évêque de camp leur donne la bénédiction, et les chemins de fer de la Lombardie comme toutes les routes de terre sont encombrés de transports militaires.

Les choses en étaient là lorsque la Russie proposa un congrès, et le *Moniteur* fit connaître que le gouvernement français y adhérait; mais on comprit que tout arrangement diplomatique était devenu inutile ou impossible, et il n'y eût que les partisans de la paix à tout prix qui rattachèrent quelque espérance aux propositions russes, plus perfides que sérieuses.

Cependant, la Diète germanique accorde les crédits nécessaires pour l'équipement de l'artillerie et l'armement des forteresses fédérales, et la révolution en armes, personnifiée par Garibaldi, l'ex-général en chef des forces de la république romaine, apparaît au seuil de la situation, et prête serment entre les mains du roi constitutionnel Victor-Emmanuel.

Enfin M. de Cavour est appelé à Paris par l'Empereur; il part radieux, les partisans de la paix reconnaissent l'impossibilité de la réunion d'un Congrès. Les armements de la Sardaigne qui a déjà 100,000 hommes sur pied continuent toujours, et l'on dit que 200 volontaires par jour se présentent pour s'enrôler sous les drapeaux de Garibaldi.

Alors l'Autriche, commençant à s'inquiéter à son tour ou plutôt perdant patience, réclame le désarmement de la Sardaigne, tandis que l'Angleterre s'efforce vainement de déterminer la France à accepter des négociations sur les bases des traités de 1815. De son côté, M. de Cavour expose dans un mémorandum les griefs de l'Italie entière jetant des cris de douleur et se révoltant contre la domination des Hapsbourg, et l'Empereur François-Joseph adresse à son armée une proclamation dans laquelle, rappelant les exploits de Radetzki, il se déclare ouvertement décidé à recommencer la bataille de Novare pour avoir enfin raison d'un ennemi qui l'outrage.

En suite de cette proclamation, un nouveau corps de 60,000 hommes se rassemble en Autriche, on envoie 70,000 hommes de réserve en Moravie et en Bohême, et, en réponse à un nouvel article du *Moniteur universel* ayant pour but de rassurer l'Allemagne, l'armée Autrichienne tout entière est mise sur pied de guerre.

A partir de ce moment, les événements se précipitent avec une telle rapidité que, pour rester dans le cadre que nous nous imposons, nous aurons à peine assez d'espace pour les indiquer.

Voici d'abord la révolution, qui, d'accord avec le chef du cabinet Sarde, adresse ses instructions à la nation Italienne. Cette pièce est trop curieuse pour que nous ne la reproduisions pas en entier :

SOCIÉTÉ NATIONALE ITALIENNE.

Indépendance.   Union.

(Instructions secrètes.)

La présidence croit de son devoir, dans l'état actuel des choses en Italie, de communiquer les instructions secrètes suivantes :

1° Les hostilités à peine commencées entre le Piémont et l'Autriche, vous vous insurgerez au cri de *vive l'Italie et Victor-Emmanuel ! Dehors les Autrichiens !*

2° Si l'insurrection est impossible dans votre ville, les jeunes gens en état de porter les armes en sortiront et se rendront dans la ville la plus voisine, où l'insurrection aura déjà réussi, ou, du moins, aura des chances de réussir. Parmi les villes voisines, vous choisirez la plus rapprochée du Piémont, où devront se concentrer toutes les forces italiennes.

3° Vous ferez tous vos efforts pour vaincre et désorganiser l'armée autrichienne, en interceptant les communications, en rompant les ponts, en abattant les télégraphes, en brûlant les dépôts d'habillements, de vivres, de fourrages, en gardant en ôtages les grands personnages au service de l'ennemi et leurs familles.

4° Ne tirez jamais les premiers sur les soldats italiens et hongrois. Mettez tout en œuvre, au contraire, pour les engager à suivre notre bannière, et accueillez en frères ceux qui céderont à vos exhortations.

5° Les troupes régulières qui embrasseront la cause nationale seront immédiatement envoyées en Piémont.

6° Là où l'insurrection aura triomphé, l'homme le plus haut placé dans l'estime et dans la confiance publiques, prendra le commandement militaire et civil, avec le titre de commissaire provisoire pour le Roi Victor-Emmanuel, et le conservera jusqu'à l'arrivée du commissaire envoyé par le gouvernement piémontais.

7° Le commissaire provisoire abolira les impôts qui pourraient exister sur le pain, le blé, etc., et en général toutes les taxes qui n'existent pas dans les États sardes.

8° Il fera une levée, par voie de recrutement, des jeunes gens de 18 à 20 ans, à raison de 10 par 1,000 âmes de population, et recevra comme volontaires les hommes de 20 à 35 ans qui voudront prendre les armes pour l'indépendance nationale; il enverra immédiate-ment en Piémont les conscrits et les volontaires.

9° Il nommera un conseil de guerre pour juger et punir, dans les 24 heures, tous les attentats contre la cause nationale et contre la vie ou la propriété des citoyens pacifiques. Il n'aura aucun égard au rang, à la classe; mais personne ne pourra être condamné par le conseil de guerre pour des faits politiques antérieurs à l'insurrection.

10° Il défendra la fondation des cercles et journaux politiques; mais il publiera un bulletin officiel des faits qu'il importera de porter à la connaissance du public.

11° Il démettra de leurs fonctions tous les employés et magistrats opposés au nouvel ordre de choses, procédant pour cela avec beaucoup de mystère et de prudence, et toujours par voie provisoire.

12° Il maintiendra la plus sévère et inexorable discipline dans la milice, appliquant à chacun, quel qu'il soit, les dispositions militaires en temps de guerre. Il sera inexorable pour les déserteurs, et donnera des ordres sévères à ce sujet à tous les subordonnés.

13° Il enverra au roi Victor-Emmanuel un état précis des armes, des munitions, et des fonds qu'on trouvera dans les villes ou provinces, et il attendra ses ordres à ce sujet.

14° En cas de besoin, il fera des réquisitions d'argent, de chevaux, de chariots, de navires, etc., en laissant toujours le reçu correspondant; mais il punira des peines les plus fortes quiconque tentera de faire des réquisitions semblables, sans nécessité évidente et sans un contrat exprès.

15° Jusqu'à ce que se produise le cas prévu dans le premier article de cette instruction, vous userez de tous les moyens en votre pouvoir pour manifester l'aversion qu'éprouve l'Italie contre la domination autrichienne et les gouvernements inféodés à l'Autriche, en même temps que son amour de l'indépendance, et sa confiance dans la maison de Savoie et le gouvernement piémontais; mais vous ferez tout pour éviter des conflits et des mouvements intempestifs et isolés.

Turin, le 1ᵉʳ mars 1859.

Le secrétaire,
ᵃLA FARINA.

Pour le Président,

Le vice-président,

GARIBALDI.

Dans le même temps, la Russie dont l'attitude est aussi équivoque que celle de l'Autriche pendant la guerre d'Orient, la Russie, disons-nous, concentre 100 mille hommes en Géorgie, tandis que l'Empereur François-Joseph, après avoir fait exécuter un mouvement offensif sur le Tessin, adresse au cabinet de Turin un ultimatum exigeant le désarmement de la Sardaigne et ne lui donne que trois jours pour se décider.

Aussitôt le général La Marmora demande, par voie télégraphique, du secours à Paris, et la Sardaigne renvoie à la frontière le héraut d'armes autrichien avec une réponse négative. Les grandes puissances protestent plus ou moins clairement contre l'ultimatum, et la flotte anglaise quitte le canal pour une destination inconnue, avec des ordres cachetés, tandis que trois corps d'armée français marchent rapidement vers les Alpes, et qu'un quatrième corps s'embarque à Toulon pour se diriger sur Gênes, où il arrive le 26 avril, et est accueilli avec un enthousiasme indescriptible.

Cependant la Russie mobilisait quatre corps d'armée sur les frontières sud-ouest de son territoire, pour menacer les principautés Danubiennes. Le bruit se répand qu'elle a conclu un traité secret avec la France, et les troupes françaises traversent le col du Mont Cénis et descendent les pentes du Mont Genèvre, pour aller former leurs divisions sous les murs de Suze et marcher sur Turin, où elles trouvent la gare du chemin de fer et la rue de la Tchernaïa jonchées de fleurs et pavoisées aux couleurs de leur nation.

Le 29 avril, à 1 heure de relevée, 120,000 Autrichiens, dont 60 mille aux ordres du général Benedeck, 50 mille aux ordres du feld-maréchal Giulay et 50 mille aux ordres du général Zobel, marchent sur le Tessin, menaçant la frontière à Vivegano, à Buffalora et à Gravellona, trois points qu'on trouve indiqués sur notre carte en avant de Novare. A l'annonce de ce mouvement, les troupes sardes, après avoir fait sauter le pont de Buffalora pour couper sur ce point le passage à l'ennemi, commencèrent leur retraite et se préparèrent à abandonner également Novare.

La veille, le roi Victor-Emmanuel avait adressé à son armée une proclamation conçue en ces termes :

« Soldats !

» Je serai votre capitaine. J'ai apprécié votre valeur sur le champ de bataille, à côté de mon auguste père ! Cette fois vous aurez pour compagnons les vaillants soldats de la France, vos compagnons de la Tchernaïa, que l'Empereur envoie pour défendre et soutenir la cause de la justice et de la civilisation.

» Volons à la victoire ! Que notre drapeau vous guide ; que notre but comme notre cri de guerre soit : L'indépendance de l'Italie ! »

La révolution éclate en Toscane. Des troubles éclatent aussi dans les duchés de Parme et de Plaisance. L'Italie toute entière paraît vouloir se soulever pour se rassembler sous la bannière du roi Victor-Emmanuel.

Cependant le Tessin est franchi par l'armée autrichienne sur les trois-points que nous avons indiqués. Le 29, à trois heures, elle dépasse déjà Gravellona et pénètre dans la nuit à Cussalo près Vivegano, à une heure environ de la frontière. Le 30, les Autrichiens traversent le lac Majeur et débarquent à Arona, d'où un chemin de fer conduit directement à Mortara. Ce point est occupé par 20 bataillons et 8 batteries, et des corps de troupes plus considérables encore occupent bientôt Mortara et Novare, évacués par les troupes piémontaises.

Par ces divers mouvements, les Autrichiens commandaient non-seulement toutes les routes qui relient le Piémont à la Lombardie, mais avaient aussi coupé toutes communications entre la Sardaigne et les duchés.

À l'heure où nous écrivons ces lignes, l'armée autrichienne continuant son mouvement agressif, a une garnison de 2,000 hommes à Mortara, et à Novare 400 fantassins et 50 cavaliers.

Pendant que le général Benedeck marchait sur Verceil, le roi Victor-Emmanuel prenait le commandement de son armée, et une division française exécutait de son côté un mouvement offensif en avant de Turin. Enfin, le 2 mai, tandis que les Autrichiens entrent dans Verceil et que l'empereur Napoléon publie une proclamation dans laquelle il se déclare décidé à maintenir sans faiblesse sa politique traditionnelle, la duchesse de Parme est en fuite.

Résumons ici la première partie de notre travail. L'armée autrichienne s'est avancée sans combat sérieux jusqu'à la hauteur de Cambio et de Cairo, situés sur la rive du Pô, à mi-chemin d'Alexandrie et de Pavie. Son quartier général a été établi le 2 à Lomello village situé à 20 milles environ en avant de Mortara, sur la route d'Alexandrie, où aura lieu inévitablement la première grande bataille.

Jusqu'ici les engagements n'ont été que des escarmouches sans importance, et toutes les contre-marches des colonnes autrichiennes dans la direction du Pô, jetant par-ci par-là des ponts pour opérer leur passage ou assurer leur retraite, nous paraissent être plutôt des feintes habiles pour dissimuler les véritables projets d'opérations sérieuses. Le fait est que tous ces mouvements assurent aux Autrichiens la route d'Alexandrie, et tendent à attirer dans les plaines environnantes le maréchal Baraguay d'Hilliers, retranché près de Novi, à 15 milles d'Alexandrie, ou les Piémontais campés près de Valence. Peut-être encore le général Giulay a-t-il en vue de couper les lignes d'opérations des alliés, de manière à rejeter le maréchal Baraguay d'Hilliers sur Gènes et les Piémontais sur la route de Turin.

Évidemment, nous n'apprendrons plus rien de sérieux aussi longtemps que le commandement des différents corps d'armée français et piémontais n'aura été remis aux mains d'un seul chef, afin d'établir l'unité dans les opérations. Les hommes de l'art eux-mêmes ne comprennent absolument rien aux mouvements ni aux positions, mais tous sont d'accord sur ce point qu'une grande bataille est absolument inévitable et qu'elle sera livrée dans les plaines d'Alexandrie.

POST-SCRIPTUM.

DERNIÈRES NOUVELLES.

Depuis que ces lignes ont été écrites, le télégraphe nous a apporté la nouvelle que 30,000 Français occupent Suse, sur la Doire, non loin de la frontière française. 70,000 hommes de la même nation sont, en ce moment, à Gênes.

Les Autrichiens qui s'étaient avancés jusqu'à Trino et même jusqu'à Tortone ont fait un mouvement de recul ; les corps d'armée qui ont quitté Trino se sont reportés à Verceil d'où ils étaient partis, et ceux qui occupaient Tortone se trouvent en ce moment à Lomello, au quartier général autrichien.

Un corps considérable de croates est entré à Como, où le drapeau tricolore avait été déployé. La ville a été frappée de fortes réquisitions.

Le quartier général du maréchal Canrobert qui di-

rige les opérations des troupes alliées franco-sardes est
en ce moment à Alexandrie.

Les troupes actuellement en ligne sont évaluées à
120,000 hommes du côté des Français et Piémontais
alliés, et à 140,000 du côté des Autrichiens.

INDEX DE LA CARTE.

—

Nous avons indiqué sur la carte ci-contre les positions occupées par les troupes autrichiennes par des lignes rouges ; les occupations françaises par des lignes bleues, et la situation de l'armée piémontaise par des lignes jaune-orange.

On trouvera sur notre carte toutes les localités qui ont joué un rôle quelconque dans les événements de ces dernières semaines ; nous n'avons pu placer le mont Genèvre par lequel s'est effectuée l'entrée d'une partie des troupes françaises en Piémont, et qui est situé sur la frontière en dehors des limites de notre carte à la hauteur de Pignerol.

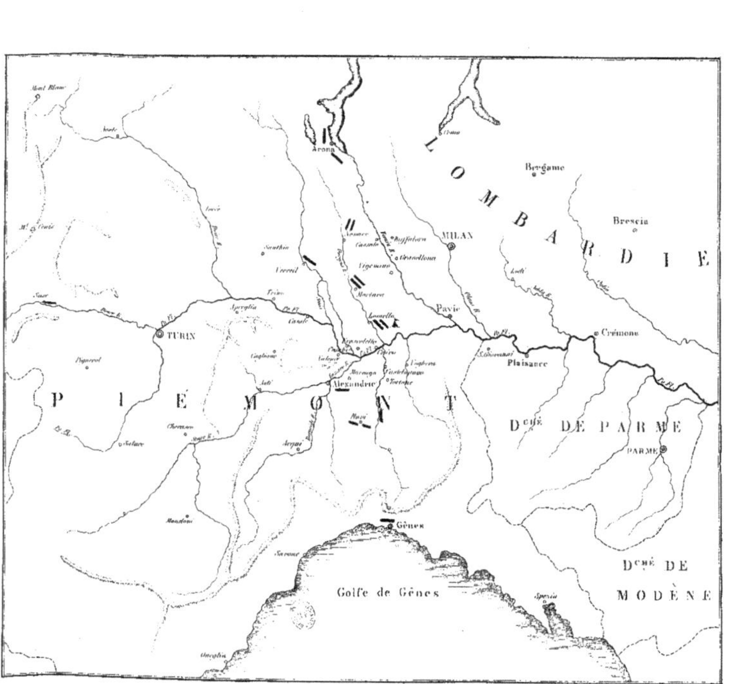

Mont Blanc
LOMBARDIE
Arona
Bergame
Brescia
MILAN
Buffalora
Sesance
Cassano
Gironelloua
Vigevanno
Mortara
Pavie
Lomello
Crémone
TURIN
Casale
Valence
Plaisance
Alexandrie
Marengo
Castelegiano
Tortone
Dché DE PARME
PARME
PIÉMONT
Novi
Dché DE
Mondovi
MODÈNE
Gênes
Savone
Sperin
Golfe de Gênes

DISPOSITIONS

DE BATAILLE.

ARRIVÉE DE L'EMPEREUR NAPOLÉON.

—

De toutes parts les nouvelles se pressent avec la rapidité des éclairs de la télégraphie. Mais, au commencement de la semaine, elles étaient toutes dominées par l'importante question de savoir quels rôles l'Angleterre, la Prusse et la Russie vont jouer dans les formidables événements qui se préparent.

D'un côté l'on prétend, malgré les dénégations de la presse française à laquelle le gouvernement de l'Empereur ne reconnaît aucune autorité, que la Russie a signé un traité offensif et défensif avec la France, ce qui ne pourrait s'expliquer autrement que par l'intention qu'aurait la Russie, de concert avec la France, de recommencer la guerre d'Orient et de marcher sur

Constantinople ; d'un autre côté, dans des centres ordinairement bien informés, on nie absolument l'existence du traité et l'on suppose à la Russie, qui n'oubliera jamais l'humiliation qu'elle a subie à Sébastopol et qu'elle doit plus particulièrement à la France, une politique perfide qui consisterait à encourager l'ex *bon ami* de l'Empereur Nicolas de manière à l'engager dans une lutte où il lui soit impossible de reculer, et, sous un prétexte quelconque, de le laisser alors se débattre contre l'Autriche et la révolution en Italie, contre la Prusse sur le Rhin, contre l'Angleterre dans la Méditerranée et l'Adriatique.

Pour notre part, nous ne savons trop que penser de ces probabilités, car ne nous expliquant pas le rôle de Napoléon III allant crier : Vive l'indépendance et la liberté ! en Italie, nous manquons absolument de base de raisonnement. C'est le point d'appui d'Archimède qui nous fait défaut.

Toujours est-il que la Prusse, dominée par l'opinion publique, continue ses armements, tout en laissant son ambassadeur à Paris, M. de Pourtalès, entretenir d'excellents rapports d'amitié avec le gouvernement français, mais sans s'engager à rien.

Quant à l'Angleterre qui se tient prête à se jeter à Trieste, sous le prétexte de protéger ses nationaux, si une démonstration quelconque menaçait cette clef de la domination autrichienne dans l'Adriatique, quant à l'Angleterre, disons-nous, bien fin sera celui qui comprendra quoi que ce soit à son jeu, et bien hardi celui qui se fiera à cette vieille tricheuse. Ne serait-il pas vrai, comme on l'a dit dans l'opposition au Corps Législatif de France, que l'alliance anglaise n'existe plus ? Quoi qu'il en soit, le gouvernement de S. M. B. a protesté contre la violation, par les troupes françaises dirigées par Suse sur Turin, de la neutralité à laquelle est soumise une partie de la Savoie.

Mais hâtons-nous de reprendre notre marche à la suite des événements, de peur de nous laisser emporter trop loin dans les probabilités de l'avenir.

Voici d'abord, et ceci est un point essentiel à établir pour quiconque voudra examiner sérieusement les chances de la destinée, voici la *Revue contemporaine* qui nous fait connaître, d'après un remarquable travail de M. G. de Muller (1), la situation financière de l'em-

______

(1) *L'Autriche sous l'empereur François-Joseph.*

pire autrichien. Il paraîtrait constaté que l'énorme accroissement d'une dette publique, élevée en neuf années de 1300 millions de florins, soit 3 milliards 250 millions de notre monnaie, n'a pas suffi à couvrir les déficits budjétaires de l'Autriche, qu'elle a été obligée d'aliéner ses chemins de fer et de réaliser la presque totalité de ses biens domaniaux, qu'ainsi il lui sera bientôt impossible de recourir à ces ressources, et qu'elle devra laisser s'accroître, sans aucun moyen d'en combattre le développement, une dette déjà trop pesante et à laquelle chaque année viendra ajouter un nouveau poids.

Mais M. Lequien, président de la commission du budjet au Corps législatif de France, qui met cette situation en lumière, M. Lequien ne nous parle pas de la situation financière de la France, par la raison sans doute que cela ne regarde ni le Corps législatif ni la commission du budget.

Nous nous permettrons, dans notre impartialité, de rectifier cette lacune, sans même tenir compte, en faveur de l'Autriche, de certaines paroles prononcées par lord Disraëli dans un meeting, et qui nous ont paru donner clairement à entendre que si l'on avait besoin d'argent à Vienne, on en trouverait toujours en Angleterre.

En France donc, la situation financière n'est pas mauvaise, car M. De Vinck a déposé récemment au Corps législatif un rapport qui constatait, à ce moment, une économie de 4 à 5 millions au budjet; mais quelle est la situation si l'on a la bonne foi de déduire de cette économie 50 millions de crédits extraordinaires applicables au budjet de la marine, un emprunt de 500 millions et 90 millions de crédits extraordinaires à la guerre? On répondra que tous ces emprunts font parfaitement l'affaire des souscripteurs; mais font-ils aussi les affaires de l'État, et la postérité s'arrangera-t-elle de l'héritage que la France impériale aura à lui léguer?

Soyons justes, et concluons que si l'Autriche a beaucoup à envier à la valeur de l'armée française, en revanche elle n'a nullement à envier sa situation financière.

Par suite du mouvement de retraite opéré par l'armée piémontaise et que nous avons indiqué dans notre
premier *Bulletin*, cette armée se trouvait avec ses
alliés, à l'ouverture des opérations de la semaine, positivement refoulée dans ses derniers retranchements.
L'armée piémontaise, dira-t-on, ne pouvait faire mieux
que de marcher en retraite, en présence d'une force si
supérieure que celle des armées ennemies. Sans doute ;
mais il n'en est pas moins vrai que tout le nord du
Piémont est envahi, depuis Ivrée jusqu'à Cambia en
passant par Verceil. On trouve barbare, après cela, que
l'armée autrichienne frappe de contributions et même
saccage un peu les contrées qu'elle occupe ; mais ce
sont là les calamités ordinaires de la guerre, et l'on ne
doit pas demander plus de générosité à ses ennemis
qu'on n'a l'habitude d'en montrer soi-même en pays
conquis.

Quant aux alliés, nous devons reconnaître que, tout
en étant refoulés dans leurs derniers retranchements ,

ils ne se trouvaient pas dans une trop mauvaise position, attendu qu'il n'y a guère dans toute la Sardaigne
qu'une seule ligne de retranchements véritables, et c'est
celle qu'ils occupent.

Cette ligne, qu'on pourra suivre facilement sur notre
carte, s'appuie dans les environs d'Ivrée aux derniers
contreforts des Alpes et se projette sur Gênes en suivant
le cours de la Dora-Baltea, celui du Pô jusqu'aux environs de Cambio, la Scrivia et les Apennins à partir de
Gavi.

L'objectif de cette ligne irrégulière est indiqué naturellement à l'angle formé à son centre, par le Pô et le
Tanaro en avant de Valence.

La question est toujours de savoir maintenant si les
Autrichiens ont bien arrêté leurs points d'attaque, et si
l'on doit attacher une importante signification aux
mouvements, à première vue insignifiants et inexplicables, qu'on a signalés sur tant de points de la ligne.
Notre opinion à nous, et nous la partageons avec beaucoup d'hommes compétents, c'est que lorsqu'il se produit un mouvement d'attaque sur quelque point que ce
soit, il a pour seul but d'attirer l'attention et les forces
des alliés sur ce point-là, tandis que sur un autre point

un autre corps d'armée établit un pont, ouvre un passage ou prépare ses batteries. En veut-on d'ailleurs une preuve officielle ? Tandis que les Piémontais se figuraient remporter un avantage sérieux à Frascoletto et le consignaient avec bonheur dans leur bulletin officiel, des troupes autrichiennes franchissaient paisiblement le Pô et y jetaient un grand pont, puis détruisaient sans être le moins du monde inquiétées, les fils télégraphiques et le chemin de fer près de Tortona et de Voghera.

Nous sommes donc fondés à croire — et c'est bien là l'opinion du génie français et piémontais : toutes leurs dispositions le prouvent, — qu'une attaque sur Alexandrie est parfaitement indiquée. Seulement les Autrichiens ne perdent pas de vue Casale dont les fortifications ont été récemment renforcées à la suite d'un vote législatif, ni Valence qui n'a pas une bien grande importance stratégique par elle-même, mais qui en acquiert une réelle par la proximité d'Alexandrie.

Reste donc à savoir si, en présence des renforts envoyés de France, l'empereur François-Joseph persistera dans sa menace de désarmer le Piémont par la force, ce qui nous paraît excessivement aventureux, ou si plutôt, après avoir ravagé tout le nord de l'Italie d'après les principes du premier consul Bonaparte, les armées autrichiennes ne se retireront pas derrière le Tessin, pour se borner cette fois à défendre le territoire que les traités de 1815 ont attribué à l'Empire.

Car, que l'on ne s'y trompe pas, la position d'Alexandrie est déjà formidable et se renforce encore tous les jours. Et avant d'arriver sous les murs d'Alexandrie il faut d'abord réduire Casale; puis Valence où se trouve établi le quartier-général du roi Victor-Emmanuel avec la division de réserve du général Borgiovani de Castelborgo dont la première brigade est composée du régiment de Savoie et des grenadiers de la garde.

Ce ne serait là qu'une bouchée pour une armée nombreuse affamée de vengeance; mais le quartier général du Roi est appuyé à sa droite par la division Mac-Mahon qui occupe la ligne de Valence à Novi, et par la division Baraguey-d'Hilliers qui s'étend de Novi à Arquato et pourrait se jeter en très-peu de temps en avant d'Alexandrie. Ce n'est pas tout : ces deux corps français sont encore couverts par la 3ᵉ division piémontaise composée des brigades Pignerol et Acqui, sous les ordres du général Durando qui occupe les positions de la Scrivia. *Voir notre carte.*

2.

D'un autre côté, à la gauche du quartier général du Roi, on rencontre d'abord la division Cunbiari déployée entre Frascoletto et Valence, puis la division Cialdini entre Casale et Frascoletto.

Si l'on veut considérer, après cela, qu'Alexandrie elle-même se trouve défendue par la division Canrobert et la division piémontaise Fanti, tandis que le général Niel couvre Turin par l'occupation des retranchements de la Doire, on se demandera ce qu'il restera à faire aux Autrichiens lorsqu'ils auront saccagé le Nord depuis Tortona jusqu'à Fronzana, sinon de se retirer sur le Tessin. *Voir la carte.*

Quant au corps de Garibaldi, qui reste complétement isolé et dont les opérations sont entourées d'un profond mystère, il était établi le 6 dans la vallée de la Sesia, sur la ligne qui court de Biella à Domo di Ossola, adossé ainsi aux Alpes et menaçant le lac Majeur, ce qui faisait craindre aux Autrichiens une attaque sur ce point. Aussi avaient-ils massé de forts détachements à Arona qui forme l'extrémité sud du lac, et ils paraissaient attendre de pied ferme pendant que leurs bateaux à vapeur coulaient ou capturaient toutes les barques qu'ils rencontraient sur la rive Sarde.

Tout porte à croire néanmoins que les volontaires de Garibaldi n'étant appuyés par aucune réserve, n'ont d'autre mission que d'inquiéter l'ennemi, quitte, en cas d'attaque de la ligne d'opération des alliés, à se rallier dans les retranchements du général Niel après avoir enfoncé — si l'on n'y prend garde — l'aile droite de l'armée autrichienne de manière à lui couper le chemin de Turin.

———

Le bruit s'était répandu qu'une certaine effervescence populaire se manifestait à Paris. Une partie du faubourg Saint-Antoine se mettait en grève, disait-on, on y chantait plus ou moins ouvertement *la Marseillaise*, et des bandes d'étudiants parcouraient les rues de la capitale, drapeau en tête, en faisant retentir bien haut les cris d'indépendance et de liberté qui sont aujourd'hui le mot d'ordre de la Péninsule italique. On disait qu'on voyait partir tous les jours des détachements pour des pays lointains, tandis qu'un corps d'armée considérable pouvait à tout moment devenir nécessaire sur le Rhin ; on disait qu'une partie de la France et particulièrement la capitale paraissait sentir la robe de Nessus tomber

de ses épaules et commençait à respirer. On ajoutait
que le prince Napoléon, dont les idées personnelles ont
toujours été suspectes, ne voulait pas quitter Paris, et
que l'empereur n'osait entrer personnellement en campagne avant d'avoir assuré la paix intérieure.

Quoiqu'il en soit, nous ne voyons rien qui puisse justifier ces bruits dans le retard prétendu qu'aurait
éprouvé le départ de l'empereur, car il est dans les
usages de la guerre que le commandant en chef d'une
armée n'en prenne le commandement que lorsqu'elle est
rassemblée. Quant au prince Napoléon, comme il est
parti en même temps que son cousin, il faudrait avoir
une oreille en cour pour se faire une idée de ce qui
s'est passé entre eux.

Le fait est que si, à l'heure qu'il est, on s'occupe beaucoup en France d'indépendance et de liberté, on n'est
pas égoïste, car on songe beaucoup plus aux autres
qu'à soi-même.

C'est le 10 mai qu'un décret publié au *Moniteur*
annonça officiellement que l'Empereur ayant l'intention
de se mettre à la tête de l'armée d'Italie, avait conféré
la régence à l'impératrice, laquelle se bornera, dans
l'exercice de ses fonctions souveraines, à suivre les

ordres et instructions transcrits sur le livre de l'État. Le soir même Napoléon est parti de Paris en grande pompe, escorté par toutes les autorités de sa capitale. La foule était grande sur son passage. On voulait voir une dernière fois le *Dominateur* comme l'appelle aujourd'hui l'empereur d'Autriche dans des documents officiels, lui contestant ainsi, en quelque sorte, la légitimité de ses droits à la couronne de France. De bruyantes acclamations ont retenti, paraît-il, dans cette foule qui voyait son souverain maître se livrer aux hasards aventureux des batailles. Au reste, c'était un spectacle nouveau pour Paris, et puisque c'est la France qui paie les frais de mise en scène, c'était bien le moins qu'elle put applaudir.

L'empereur dîna à Montereau où il fit ses adieux à la régente de France, puis reprit rapidement sa route vers Marseille où il arriva avec le prince Napoléon le 11, à midi. Une demi-heure après, la *Reine-Hortense* levait l'ancre, et les destinées de l'empire se trouvaient livrées à la mer.

A Gênes où l'on attendait un libérateur, la réception fut splendide. Sur toute la jetée, d'un môle à l'autre, la population était entassée, agitant des mouchoirs et des

fleurs, et faisant retentir l'air d'acclamations enthou-
siates, de cris d'une nation qui se lève pour saluer la
liberté. Dans le golfe, tous les bâtiments avaient arboré
le drapeau de la France, et une foule d'embarcations
pavoisées se précipitait au-devant du canot royal où se
trouvaient Napoléon et le prince de Carignan, pour
joncher de fleurs leur passage. Au palais Doria, où le
bruit des pas de l'Empereur a dû faire frémir les ombres des anciens doges de la glorieuse République qui
prenaient jadis la mer pour épouse, toutes les autorités
sont venues se prosterner à ses pieds, et le Roi Victor-
Emmanuel lui-même quitta son quartier-général pour
venir donner l'accolade à son cousin.

Que de souvenirs, en revoyant l'Italie, ont dû s'éveiller dans la mémoire du proscrit de 1831 mis au ban des
gouvernements, et luttant déjà parmi les insurgés avec
son frère aîné qui mourut dans ses bras! C'est toujours
le même révolutionnaire, qui va se venger d'une vieille
humiliation, d'un échec qu'il a dû à l'Autriche; c'est, un
carbonaro qui tient des serments qu'on lui a rappelés
à coup de poignard; c'est un despote qui, au nom de
la liberté, va déchirer les traités qui assurent la paix
de l'Europe, renverser les dynasties et reteindre des

manteaux de pourpres dans le sang des nationalités, — à moins que ce ne soit une caricature de François Ier sur le chemin de Pavie.

Cependant l'armée autrichienne continue à ravager tout le nord de la Sardaigne, et les chevaux de l'armée française mangent en herbe le blé du midi, foulent aux pieds toutes les récoltes et se font partout de la maison aux cris mille fois répété d'indépendance et de liberté!

Cependant encore, à la Chambre des députés de Prusse comme à la Chambre des seigneurs, il n'est pas une voix qui ne condamne et ne flétrisse la politique bonapartiste incapable de se soutenir sans porter la guerre aux quatre coins du monde; ces chambres, qu'on qualifie de réactionnaires, votent à l'unanimité des milliards au nom de la patrie allemande et déclarent hautement qu'il y a lieu de mettre un terme aux débordements de l'Empire français.

Ouvrez, a-t-on dit à la Chambre des députés, ouvrez le livre intitulé *Idées napoléoniennes* publié en 1839 par le prince Louis Napoléon, et vous y trouverez le plan de campagne de la politique impériale. C'est un horrible mélodrame en trois actes avec un prologue intitulé : La Campagne d'Italie. Puis vient le premier acte qui est la frontière du Rhin ; le second, l'abaissement de l'Angleterre ; le troisième, l'humiliation de la Russie.

Holà ! s'écrie la Prusse, en avant avec Dieu pour le Roi et pour la patrie !

Et presque en même temps la Diète de Francfort, sur laquelle on fondait des espérances aux Tuileries, se prononce par onze voix sur dix-sept contre la neutralité de la Confédération germanique, et décide la formation d'une armée d'observation de 150,000 hommes.

Et la Suisse elle-même, que la France a défendue contre la Prusse dans l'affaire de Neufchâtel, écoutez-la s'exprimer par la voix du général en chef des troupes de la Confédération : elle vous dira qu'une fois sous les armes, les Suisses n'ont plus d'antipathie ni de reconnaissance, qu'ils n'ont plus de sentiments. La seule préoccupation de tous ses enfants sera de maintenir intact, envers et contre tous, le sol sacré que la liberté a confié à leur garde. Tous ceux qui, vaincus, se présenteront à leurs frontières en déposant les armes pour implorer l'asile que la Confédération n'a jamais refusé aux malheureux poursuivis par le mauvais sort des armes, tous ceux-là seront reçus sur le territoire de la liberté et couverts de la protection de tous les Suisses. Mais quiconque se présentera en armes, quelque soit son drapeau, sera combattu à outrance, dût-on couvrir de cadavres le sol dont le pays tout entier prendra la défense. Les Suisses invoqueront alors les exemples de leurs ancêtres et lutteront sans s'occuper du nombre des agresseurs, certains que, vainqueurs ou vaincus, ils seront également dignes de l'estime et des sympathies de l'Europe.

Mais qu'importe à César! Le Rubicon est passé, ce sont des lauriers qu'il faut à son front impérial, et le voilà déjà qui indique à son armée les étapes du premier consul : il traverse le Tessin sans coup férir ; Castiglione ne l'effraie pas ; il passera sous le pont d'Arcole plutôt que de se laisser arrêter un instant dessus : les aigles de l'Empire ne feront étape qu'à Rivoli! Écoutez-le :

ARMÉE D'ITALIE.

ORDRE DU JOUR.

Soldats!

Je viens me mettre à votre tête pour vous conduire au combat. Nous allons seconder la lutte d'un peuple revendiquant son indépendance, et le soustraire à l'oppression étrangère. C'est une cause sainte qui a les sympathies du monde civilisé.

Je n'ai pas besoin de stimuler votre ardeur : chaque étape vous rappellera une victoire. Dans la voie Sacrée de l'ancienne Rome les inscriptions se pressaient sur le marbre pour rappeler au peuple ses hauts faits : de même aujourd'hui, en passant par Mondovi, Marengo, Lodi, Castiglione, Arcole, Rivoli, vous marcherez dans une autre voie Sacrée, au milieu de ces glorieux souvenirs.

Conservez cette discipline sévère qui est l'honneur de l'armée. Ici, ne l'oubliez pas, il n'y a d'ennemis que ceux qui se battent contre vous. Dans la bataille demeurez compactes et n'abandonnez pas vos rangs pour courir en avant. Défiez-vous d'un trop grand élan, c'est la seule chose que je redoute.

Les nouvelles armes de précision ne sont dangereuses que de loin ; elles n'empêcheront pas la baïonnette d'être, comme autrefois, l'arme terrible de l'infanterie française.

Soldats ! faisons tous notre devoir et mettons en Dieu notre confiance. La patrie attend beaucoup de vous. Déjà d'un bout de la France à l'autre retentissent ces paroles d'un heureux augure : La nouvelle armée d'Italie sera digne de sa sœur aînée.

NAPOLÉON.

Gênes, le 12 mai 1859.

Mais grâce à Dieu, les accents de cette *furia francese* n'épouvantent pas trop l'armée autrichienne, qui entretient 150,000 hommes aux frais de l'ennemi et commande trois fleuves. Chaque jour s'accroît le nombre des princes étrangers qui viennent se ranger sous la bannière de l'Empire. Le prince Nicolas de Nassau, le prince Guillaume de Schaunsbourg-Lippe se sont mis à la disposition de l'Empereur pour la durée de la guerre.

Quant aux mouvements de l'armée autrichienne, ils sont toujours de plus en plus inexplicables, et c'est là leur principal mérite à nos yeux. Ils se bornent à des escarmouches sur un point pour protéger l'établissement d'un pont sur un autre point : les alliés n'y verront clair que le jour où apparaîtra, à la tête de l'état-major de l'Empereur François-Joseph, le génie de la situation, le feld-maréchal Hess, dont nous donnons ci-dessous la biographie :

Le feld-maréchal Henri de Hess, fils d'un conseiller aulique, est né à Vienne en 1788. A 17 ans, il entra dans l'armée comme porte-drapeau et fut nommé, en 1809, premier lieutenant pour s'être distingué par sa valeur d'une manière toute particulière à Wagram. Major de l'état-major à Leipsig, il reçut les décorations russe et autrichienne. Le jeune officier se distingua dans tous les combats livrés par les coalisés, près de Genève et de Lyon en 1814. Huit ans après il prit le commandement d'un régiment d'infanterie.

En 1834, Hess fut nommé major-général et placé à la tête d'une brigade en Moravie. Nous le retrouvons à Vienne, en 1840, à la tête de l'état-major et il devient bientôt lieutenant feld-maréchal. En cette qualité, il prend le commandement du 49ᵉ de ligne.

Lorsqu'en 1848 le vieux Radetzki forcé de quitter Milan, concentra son armée autour de Vérone, Hess devint son chef d'état-major général. Alors commença une ère de glorieuses victoires. Hess réchauffa l'ardeur de son chef et conçut lui-même le plan de la bataille de Santa-Lucia. Ce fut ainsi qu'il révéla son génie militaire par une opération admirable, par une concentration de troupes autour de Mantoue que n'eût pas désavouée le grand Napoléon : après ce beau fait d'armes, consacré par la victoire de Curtatone, il réorganisa l'armée d'Italie.

Lors de la révolution de Vienne et de la prise de la forteresse de Peschiera par les Piémontais, il s'agissait de rétablir la monarchie autrichienne entamée de tous côtés. Radetzky se tourna alors vers Vicence et prit la ville le 10 juin, ce qui est regardé comme une des belles opérations dans les annales de la guerre. Toujours guidé par son chef d'état-major, le vieux maréchal renforça l'armée qui se composait à peine de 40 mille soldats et après un armistice de plusieurs semaines, il put reprendre l'offensive et livrer la bataille de Custozza qui fut décisive pour les armes de l'Autriche. Le rapport de Radetzki constate les immenses services rendus par Hess qui avait commandé et surveillé tous les mouvements des troupes victorieuses. Aussi celui-ci reçut-il la plus haute marque de distinction militaire, la croix de chevalier de l'ordre de Marie-Thérèse. — Peu de temps après Charles-Albert est battu près de Volta, refoulé sur l'Adda et chassé enfin de Milan le 5 août. Le 9, un nouvel armistice de six semaines fut signé dans Milan reconquis; c'est celui que rompit Charles-Albert sous l'inspiration des Mazziniens.

C'est surtout dans cette campagne que Hess donna les preuves les plus belles de son talent stratégique. Les Piémontais, plus forts en nombre, avaient concentré leurs forces entre Novare, Verceil et Vigevano et avancé un autre corps au-dessus de Parme et vers le

Pô pour prendre les Autrichiens par derrière. Radetzky voulut se frayer le chemin de Turin à travers les positions de l'ennemi et ce fut encore Hess qui inspira les combinaisons nécessaires pour cette entreprise hardie.

Une fausse retraite vers Lodi masqua d'abord ses opérations, pendant que l'armée se concentrait rapidement autour de Pavie, sans qu'un seul corps se doutât du mouvement général. Le 20 mars, on sut à quoi s'en tenir sur les plans de Hess. Quatre grands corps repassèrent le Tessin et livrèrent un combat aux avant-postes piémontais près de Vigevano. La défaite des ennemis fut l'affaire d'un instant.

L'armée, admirablement conduite par Hess, continua sa marche victorieuse vers Novare où, pendant cinq heures, quinze mille Autrichiens soutinrent le choc d'une armée quatre fois supérieure en nombre. Ils allaient succomber, quand un quatrième corps de réserve arriva à leur secours. Hess eut une illumination soudaine. Il proposa à Radetzki d'écraser l'ennemi au centre, et ce mouvement décisif, qui coûta à l'armée tant de soldats, donna la victoire aux Autrichiens. La retraite de Charles-Albert sur Turin était désormais impossible, et le malheureux roi dût signer un troisième armistice. — Radetzki reconnaît dans son rapport que ce brillant succès est dû à Hess.

Celui-ci, nommé feld-maréchal de l'armée, la mit sur le pied magnifique où nous la voyons aujourd'hui.

Voici donc que l'armée autrichienne attend deux capitaines de premier ordre : Hess dont nous venons de raconter les exploits; l'empereur François-Joseph, qui passe pour un tacticien consommé; qui s'est distingué à la journée de Santa-Lucia, qui a fait la campagne de Hongrie, dont les plus vieilles moustaches n'oseraient commenter les ordres et que le soldat regarde comme le sauveur de l'Allemagne et de l'Autriche.

Nous verrons si l'homme du deux décembre qui n'a de courage qu'en face des pâles représentants d'une république à demi-vaincue, des jacobins et des clubistes du faubourg St.-Antoine; des vieillards, des femmes, des enfants, des badauds de Paris désarmé; qui n'a de génie que pour le despotisme et la proscription; qui n'a d'ardeur que pour le pouvoir et d'audace que pour sa propre fortune, saura vaincre cet autre despote de vingt-neuf ans qui porte haut et ferme le drapeau de la nationalité allemande et le sceptre de l'empereur Charles-Quint!

INDEX DE LA CARTE.

Nous avons représenté dans la carte ci-contre, les positions autrichiennes au moyen de la couleur rouge; les positions françaises au moyen de la couleur bleue, et l'occupation des corps piémontais au moyen du jaune. Des lignes vertes indiquent la situation des corps de volontaires sous le commandement de Garibaldi, dans la vallée de la Sesia.

Le quartier général de chaque armée est figuré par une petite tente de même couleur que les lignes indiquant la position des corps.

Nous nous sommes attachés également à donner, dans ce numéro, un tracé très-exact du réseau de chemins de fer qui sillonne le théâtre de la guerre. — Ils sont indiqués par un trait de couleur orange.

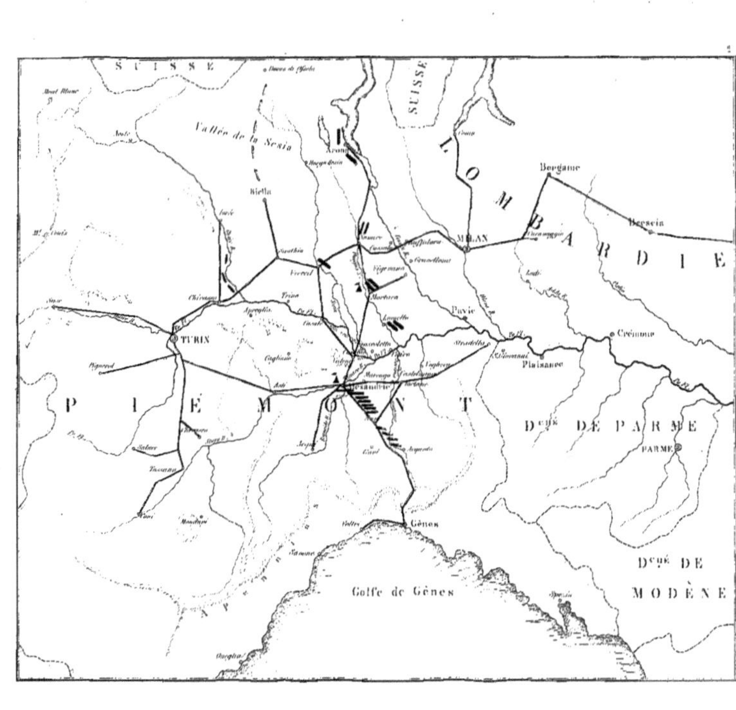

SUISSE
SUISSE
LOMBARDIE
Vallée de la Sesia
Mont Blanc
Bergame
Brescia
Biella
MILAN
Pavie
Crémone
Plaisance
TURIN
Lodi
PIÉMONT
Alexandrie
D.té DE PARME
PARME
Golfe de Gênes
Gênes
D.té DE
MODÈNE

PRÉPARATIFS

DE BATAILLE.

AFFAIRE DE MONTEBELLO.

—

Dans nos deux premiers *bulletins* nous avons apprécié d'une manière tout à fait indépendante la politique *traditionnelle* du gouvernement impérial français et réduit à leur juste valeur les fanfaronnades de ses journaux. En cela, nous sommes restés d'accord avec la presse libre du monde entier. — D'un autre côté, loin de nous montrer systématiquement hostiles à l'Autriche, loin de la quereller au sujet de certaines de ses tendances, nous n'avons point caché nos sympathies pour la cause allemande et la chevaleresque figure du jeune empereur François-Joseph. — Quelques mots expliqueront à nos lecteurs notre attitude dans cette question.

D'abord, nous sommes de notre siècle et les amis de l'indépendance italienne. Nous irions même jusqu'à nier les droits de l'Autriche sur la Lombardie, la Vénétie et les duchés. — Malheureusement, il ne s'agit point de cela.

Aux yeux de Louis-Napoléon, la liberté de l'Italie n'est qu'un prétexte, et le champion de cette liberté, M. de Cavour, qu'un instrument. En effet, il est impossible d'admettre que l'homme du Deux-décembre, celui qui a mis un frein à toutes les bouches en France, reconnaisse à l'Italie des droits qu'il n'accorde point à *son* propre peuple. Il faudrait être bien naïf pour croire aux intentions libérales d'un despote. — D'ailleurs, comment concilier l'expédition de Rome, hostile à la Révolution et à la cause italienne, avec une guerre faite aujourd'hui contre l'Église, au grand déplaisir de M. Veuillot, et pour l'affranchissement des Lombards-Vénitiens, aux applaudissements de Garibaldi et de Sterbini ? — Louis-Napoléon se moque de Victor-Emmanuel comme de l'indépendance italienne, et ce n'est pas pour rien qu'il fait un moment cause commune avec la Révolution.

Ce que veut l'Empereur des Français, c'est un nouvel empire d'Occident. Nous l'avons déjà vu abaisser la Russie par l'Angleterre. Tout à l'heure, il abaissera l'Angleterre et l'Allemagne par la Russie. L'Italie, qu'il prétend défendre, il la lui faut pour ouvrir la Confédération germanique par le midi et tenir, dans Mantoue et Venise, un pistolet chargé sur le cœur de l'Autriche. — Dans ce plan de conquête, il abandonne volontiers Constantinople au Czar, soit pour s'assurer une alliance nécessaire, soit pour ruiner la puissance anglaise par sa base : — les grandes Indes.

Après cela, Bonaparte ne peut se soutenir que par la guerre et la conquête. Il a créé la question italienne pour occuper les esprits en France et échapper ainsi à une révolution. Les élections de Paris, les velléités d'opposition du corps législatif et surtout l'impression produite sur le public par le fameux procès-Montalembert, lui ont donné à réfléchir et il a reconnu que dix ans de paix suffisaient pour ruiner sa puissance.

Si donc l'Europe n'y mettait bon ordre, nous risquerions fort d'assister à une reprise du premier Empire.

Le langage, les allures, le ton, les gestes, les vêtements même de Louis-Napoléon nous rappellent le trop fameux vainqueur de Marengo. Il n'est pas jusqu'aux proclamations aux soldats de l'expédition d'Italie qui ne soient conçues dans un style identique aux célèbres adresses à la grande armée. Il est heureux pour nous que la France ait dépouillé son chauvinisme de 93 et de 1805 et que le second Empereur manque de ce génie qui seul fait les conquérants.

Nous sommes donc ouvertement hostile au gouvernement français et cela par pur patriotisme. Nous faisons des vœux pour que la victoire reste à l'Allemagne. Que deviendrait la Belgique si le hasard servait les desseins de Louis-Napoléon ? Elle deviendrait la première proie des armées françaises; elle perdrait ses libertés; elle subirait la constitution octroyée le 2 décembre et c'en serait bientôt fait de son industrie, de son commerce, de sa prospérité matérielle. Cela dit pour l'édification de nos lecteurs, mentionnons d'abord, afin qu'ils ne perdent pas un instant de vue la gravité de la situation et l'imminence d'une guerre générale, les revirements apportés dans la politique extérieure par la retraite du comte de Buol.

On interprète diversement le remaniement du ministère autrichien. Les uns y voient un rapprochement
vers la Russie, les autres un échec pour la politique
anglaise. Notre sentiment est que le remplacement du
ministre qui a dirigé depuis la mort du prince de
Schwarzenberg la politique de l'Autriche est l'aurore
d'un redoublement d'énergie dans les efforts du cabinet de Vienne et un nouveau gage d'amitié pour l'Allemagne et la Prusse. Le *Times* lui-même est de cet avis
quand il s'arrête sur la coïncidence des débats du Parlement prussien avec la retraite du ministre des affaires
étrangères de François-Joseph.

Quant à un rapprochement vers la Russie, nous
serions heureux d'y croire; mais l'impartialité nous
oblige de le révoquer en doute. Si le Czar avait le des-
sein de se renfermer dans la neutralité, mettrait-il sur
pied de guerre sa redoutable armée; placerait-il un
corps d'observation de 60,000 hommes dans la Haute-
Bessarabie ?

Maintenant la retraite du comte de Buol est-elle,
comme on l'a dit, un échec pour la politique anglaise ?
Nous ne le croyons pas. Le cabinet de lord Derby, qui
incline pour la neutralité armée, après avoir fait des

efforts malheureux et maladroits pour le maintien de la paix, ne nous paraît pas interpréter dignement la pensée du peuple anglais sur la question italienne. Jouet de tous les partis en Angleterre, condamné par l'opinion publique en Europe, il ne tardera pas à céder la place à une combinaison plus énergique et plus nationale. C'est seulement alors que l'on saura à quoi s'en tenir sur les projets de l'Angleterre. Pour le moment, elle paraît très-hostile à Louis-Napoléon, très-sympathique à l'Allemagne ; et lord Malmesbury, en refusant de reconnaître le gouvernement toscan, a sans doute cédé à la pression de l'opinion publique. — La retraite du comte de Buol nous paraît donc plutôt un échec pour la politique de lord Derby, qu'un avertissement significatif au peuple anglais, dont les véritables sentiments ne sauraient être méconnus.

Mais le trait caractéristique de la situation, c'est l'état des esprits en Allemagne, chauffée à blanc par ses écrivains et ses journaux. La haine contre la France est telle, que l'on craint une explosion populaire. Jamais patriotisme ne fut plus ardent. De toutes parts les jeunes gens arrivent sous le drapeau national. Il y en a qui traversent les mers, qui accourent du fond des pays lointains, qui abandonnent position et avenir, pour rejoindre leurs camarades prêts à mourir pour l'honneur et l'indépendance du nom allemand. C'est non-seulement là un beau spectacle, non-seulement une menace, mais c'est aussi une réponse à l'attitude de la Russie et un acheminement vers l'unité de la Germanie, unité que le premier Napoléon a lui-même préparée sans le savoir.

Comme dernier trait à ce rapide et nécessaire tableau de la situation extérieure, mentionnons l'attitude embarrassée de la Turquie, qui nous paraît véritablement prise entre deux portes. Si la Russie fait la guerre à l'Allemagne, il est évident que Constantinople sera le prix honteux de cette alliance franco-russe. — Enfin, disons que la Hongrie flotte entre le devoir et le souvenir de son équipée de 1848, et que le roi de Naples, comme le Pape, paraissent craindre une explosion révolutionnaire dans leurs États.

Maintenant que nous avons indiqué la situation générale, nous abordons notre tâche principale, qui est d'exposer les plans et les mouvements des armées en présence.

D'abord, il n'y a eu aucune nouvelle bien importante

du théâtre de la guerre cette semaine. On croit, et c'est là notre opinion, que nous n'aurons une grande bataille, ou même un mouvement offensif des alliés que pour la fin du mois tout au plus. Les pluies torrentielles qui ont arrêté la marche des Autrichiens, mais qui ont aussi assuré leurs mouvements, cessent de grossir les fleuves et d'inonder les plaines. Le temps s'est remis au beau et les soldats pourront s'égorger plus proprement.

L'empereur des Français, que nous avons laissé à Gênes dans notre dernier *Bulletin*, est maintenant à Alexandrie. Il passe son temps à reconnaître les positions de l'armée ennemie, à inspecter ses troupes et à leur adresser des proclamations. — L'impérial cousin est resté à Gênes. Il s'occupe de l'organisation d'un corps d'armée, dont le commandement lui a été confié. La destination de cette troupe, nul ne la connaît; mais on croit généralement qu'elle aura la mission d'appuyer le mouvement révolutionnaire en Toscane et à Naples, s'il le faut.

Ce fait est très-important; il démontre que les Français ont l'intention de conserver leurs communications avec la mer et de prendre, par conséquent, possession des duchés. L'on sait que le général Mac-Mahon qui, disons-le en passant, est un des premiers hommes de guerre de la France, a l'ordre de prendre les Autrichiens en flanc, de manière à les rejeter exclusivement vers la Lombardie qui, dans cette hypothèse, deviendrait ainsi le véritable théâtre de la guerre.

De leur côté, les Autrichiens ne restent pas dans l'inaction. Ils se fortifient dans les positions qu'ils occupent, et vivent, en attendant, des ressources du pays. D'après le plan que l'on prête au général Hess, l'armée autrichienne n'accepterait sérieusement la lutte qu'après s'être assurée un appui fortifié.

Le 14 mai, les alliés ont poussé une forte reconnaissance au delà des bascines de Stra, du côté de Verceil. Mais l'ennemi n'est pas sorti de ses positions.

Le même jour, à Bobbio, il y a eu une petite affaire. A une heure et demie du matin, les Autrichiens entraient dans cette ville. Arrivés sur la place, ils se divisèrent en patrouilles. L'une d'elles, à moitié chemin de la Porta Nuova, rencontra un détachement de garde nationale. Les Piémontais crièrent : *Qui vive?* Les ennemis répondirent par une décharge qui mit en fuite le détachement. — Alors, ils se retirèrent lentement vers

Mezzano Scatto, d'où ils étaient venus, et à 8 heures ils passaient la Trebbia à Ambricco, en se retirant vers Rivergaro et en emmenant avec eux quelques prisonniers. Cette escarmouche avait sans doute pour but de protéger le grand mouvement de troupes autrichiennes qui eut lieu le même jour près du pont de la Stella, sur la rive gauche du Pô.

Ce pont de la Stella, qui est aujourd'hui fortifié, doit protéger la retraite des Autrichiens. Il avait d'abord été menacé par les eaux grossies du Pô, mais le temps s'étant remis au beau, il n'y a plus rien à craindre de ce côté.

Il y a un autre pont, celui de Stradella, qui est aussi une position formidable pour les Autrichiens.

Si l'on examine le mouvement de la chaîne de l'Apennin, on verra que, par suite du contour qu'elle forme pour embrasser le golfe de Gênes, elle remonte au nord et projette des contre-forts qui viennent serrer le Pô de très-près, depuis la position de Sradella jusqu'aux environs de Plaisance. Dans toute cette partie du Piémont et du duché de Parme, le pied des hauteurs se rapproche du fleuve, au point de ne laisser qu'une place très-étroite à la grande route de Plaisance. Une armée, placée en avant de Stradella, à l'entrée d'une espèce de défilé long de plusieurs lieues, la gauche sur les hauteurs, le centre sur la route, la droite le long du Pô et des terrains marécageux qui la bordent, est difficile à déloger. Il faut ajouter que la route est semée de bourgs et de villages, bâtis en grosse maçonnerie, et très-capables de résister au canon.

On voit que les obstacles ne se fondront pas devant les alliés ainsi qu'ils semblaient l'espérer. Les acteurs de la Comédie Fançaise ne joueront pas de sitôt sur le théâtre de Milan.

L'empereur Napoléon, qui n'est pas un foudre de guerre, malgré les hyperboles des poëtes Italiens, s'est borné jusqu'ici à se porter sur Valence, pour étudier les positions de l'ennemi, et visiter les avant-postes pour rallumer l'enthousiasme éteint des soldats, et explorer le cours du Pô. Il a aussi inspecté les positions de l'armée à Tortone et à Pontecurone.

Le 19 mai quelques détachements autrichiens se sont avancés jusqu'à Capriasco, près de San Germano, puis se sont retirés à Verceil. Ils ont ensuite évacué cette dernière ville en faisant sauter derrière eux deux arches du pont de la Sesia, probablement pour se donner le temps d'une retraite en règle. Les alliés ont occupé Verceil le même jour, mais les Autrichiens sont encore sur la rive gauche de la rivière avec leur artillerie.

Le même jour, l'ennemi a essayé de se fortifier sur la rive gauche du Pô, en face de Valence, afin d'empêcher le passage de l'artillerie. Les alliés ont contrarié ce mouvement. Après une canonnade de quelques heures, les autrichiens ont, paraît-il, abandonné leur projet.

Ces deux mouvements simultanés de l'ennemi sur Verceil et sur Valence, deux villes qui commandent la vallée de la Sésia, n'ont probablement qu'un but : celui de masquer les véritables desseins de l'armée autrichienne. Voudrait-on attirer l'attention des alliés sur ces deux points, soit pour dégarnir le centre de l'armée française, soit pour protéger les duchés? Nous l'ignorons encore en ce moment.

Les opérations militaires se sont bornées à ces divers mouvements. Tout indique que les Autrichiens n'abandonneront le territoire envahi qu'après une grande bataille sous les murs d'Alexandrie. Le fait est que les autrichiens n'ont rien perdu et que les alliés, acculés positivement dans leurs derniers retranchements stratégiques, seront bientôt forcés de marcher en avant pour repousser l'ennemi au-delà des frontières de la Sardaigne ; car on commence déjà à se demander ce que fait l'armée française pour la cause glorieuse du roi Victor-Emmanuel. Non-seulement une trombe a passé sur la Lomelline, qui a ravagé toutes les villes et les campagnes ; non-seulement sur toute l'étendue du territoire occupé par les Autrichiens, tous les arbres ont été abattus à hauteur d'homme, de manière à rendre impossible à l'aide des branches les évolutions de la cavalerie ; mais le souffle de Napoléon III a exercé, au nom sacré de l'indépendance, les mêmes ravages autour d'Alexandrie. Tout a été anéanti, consommé ou emporté. Bestiaux, chevaux et bêtes de somme, charrettes et voitures, tout a disparu. Plus d'argent nulle part, plus de provisions ; les réquisitions ont enlevé tout ce qui avait quelque valeur. — A l'heure qu'il est, avant le premier coup de canon, car on n'a tiré jusqu'ici que des fusées, il faudrait au moins dix ans de paix, à ce qui reste de la Sardaigne comme à la Lomelline, pour sortir de son tombeau. Le plomb fondu des laves du Vésuve, se répandant sur toute la surface de cette terre de douleurs, ne l'aurait pas plus cruellement dévastée !

Et tout cela, nous le répétons, se commet au nom de l'indépendance et de la liberté. Écoutez plutôt, voici à son tour le prince Napoléon qui prend la parole :

« Soldats du 5ᵉ corps de l'armée d'Italie !

» L'empereur m'appelle à l'honneur de vous commander. Plusieurs d'entre vous sont mes anciens camarades de l'Alma et d'Inkermann. Comme en Crimée, comme en Afrique, vous serez dignes de votre glorieuse réputation. Discipline, courage, ténacité, voilà les vertus militaires que vous montrerez de nouveau à l'Europe, attentive aux grands événements qui se préparent. Le pays qui fut le berceau de la civilisation antique et de la renaissance moderne va vous devoir sa liberté; vous allez le délivrer à jamais de ses dominateurs, de ces éternels ennemis de la France, dont le nom se confond, dans notre histoire, avec le souvenir de toutes nos luttes et de toutes nos victoires.

» L'accueil que les peuples italiens font à leurs libérateurs témoigne de la justice de la cause dont l'empereur a pris la défense.

» Vive l'empereur! vive la France! vive l'indépendance italienne!

» Le prince commandant en chef le 5e corps de
l'armée d'Italie,

« NAPOLÉON (Jérôme.) »

On annonce aujourd'hui le prochain débarquement
de S. A. I. en Toscane, mais on ajoute d'une part
qu'il y sera probablement mal reçu, lui et ses troupes,
d'autre part que les représentants des puissances pro-
testeront contre l'occupation projetée.

De son côté, le roi de Naples est décidément mort.

AFFAIRE DE MONTEBELLO.

Enfin le canon des batailles a retenti au delà des Alpes, et déjà les plaines et les hôpitaux ont recouvert ou recueilli les fruits de la guerre.

Ce qu'il y avait de plus positif dans la situation, comme nous l'avons prévu dans nos bulletins précédents, c'est que l'armée autrichienne ne pouvait plus avoir aucun intérêt sérieux à occuper le Piémont. En effet, pourquoi le comte Giulay a-t-il passé le Tessin et envahi toute la Lomelline? Pourquoi s'est-il avancé sur le Pô et s'y est-il retranché? D'abord il a franchi le Tessin pour exécuter la menace formulée par l'Empereur François-Joseph dans son ultimatum, qui consistait à désarmer par la force les volontaires italiens.

Pourquoi maintenant les autrichiens n'ont-ils pas désarmé les volontaires? Évidemment parce que partout sur leur passage l'ennemi battait en retraite, qu'ils ne trouvaient devant eux que des villes abandonnées et des territoires à mettre à contribution, et parce que arrivés au pied des retranchements piémontais les autrichiens se sont trouvés face à face avec l'armée française.

Que leur restait-il à faire, sinon appliquer les lois de la guerre qui leur permettaient de ruiner l'immense étendue de territoire qu'ils occupaient et qui forme précisément sur la carte un quadrilatère stratégique indiqué par le général Jomini, l'illustre écrivain militaire, comme un point où une armée peut parfaitement s'établir et vivre aux dépens de l'ennemi, à condition de défendre certains points, ce qui n'a pas été négligé, et bien entendu de ne se trouver qu'en présence de forces relatives.

On peut donc avancer, sans crainte d'être contredit par aucune autorité, que l'armée autrichienne, après un mois d'occupation et de réquisitions, avait tout à gagner à rentrer sur son territoire, mais aussi à continuer de simuler des travaux de défense pour masquer son mouvement de retraite qui ne pourra jamais s'exécuter avec trop de prudence et d'habileté.

N'est-ce pas le jour où l'armée française franchira le Tessin, alors que les autrichiens rentrés chez eux occuperont des positions qu'ils connaissent et qu'ils ont mises de longue date à l'abri de toute surprise; n'est-ce pas ce jour là, disons-nous, que l'Angleterre et la Confédération germanique auront un prétexte plausible pour abattre leur jeu ?

Nous comprenons donc la manœuvre offensive exécutée presque simultanément sur deux points extrêmes de la ligne autrichienne, au passage de la Sesia près de Verceil, et en avant de Stradella dont nous avons indiqué plus haut l'importance stratégique.

Évidemment fatigué de rester l'arme au bras, le général autrichien a fait déborder l'aile gauche de son corps d'armée pour commencer la retraite par le centre et se diriger en sûreté sur Stradella, qui est la clef de Pavie. La division autrichienne s'étant donc avancée jusqu'à Montebello, village situé entre Stradella et Voghera, et à 9 kilomètres de cette dernière ville, a attaqué les avant-postes du général Baraguey-d'Hilliers.

Le général Forey a pris immédiatement le commandement d'une division d'avant-garde, composée de 8,000 français et d'un régiment de cavalerie piémontaise, et de part et d'autre le combat s'est engagé. Il a duré environ quatre heures. 600 hommes du côté des alliés sont restés sur le champ de bataille, et l'on compte parmi les morts le général Beuret, qui commandait une des brigades de la division Forey, les colonels Lespart de Bellefonds, Couteil, Dumenil et et 30 autres officiers. Les commandants Lacretelle et Ferussac ont été blessés.

D'autre part, on nous dit que les Autrichiens, qui étaient au nombre de 12,000, auraient perdu 2,000 hommes, parmi lesquels un grand nombre de prisonniers et de blessés qu'on a conduits à l'hôpital de Voghera, où l'Empereur Napoléon est allé les visiter.

Cela n'empêche pas que les nouvelles reçues samedi soir à la bourse de Vienne, présentaient l'affaire de Montebello comme une victoire, ce qui nous parait d'autant plus vraisemblable, que le chiffre déjà énorme de blessés et de tués avoués de leur côté par les alliés, indique des pertes beaucoup plus considérables.

Quant au mouvement opéré sur la Sesia, près de Verceil, il est insignifiant par lui-même et n'a probablement servi qu'à couvrir une autre opération. La division piémontaise, commandée par le général Cialdini, a forcé le passage de la rivière et a repoussé l'ennemi, qui aurait abandonné quelques prisonniers, des vivres et des munitions.

Le plus clair de tout cela, c'est que l'armée autrichienne exécute une retraite prescrite par toutes les règles de l'art. Nous nous attacherons, dans notre prochain bulletin, à décrire ce mouvement, et, s'il y a lieu, à suivre les alliés dans leur marche offensive. Il n'y a plus à reculer désormais. L'armée française est lancée sur la route de Rivoli, et nous aurons à voir si elle ne s'écartera pas un peu des étapes indiquées dans l'ordre du jour de l'Empereur.

Dans tous les cas, les comédiens ordinaires de Sa Majesté n'ont pas encore quitté Paris. On a peut-être reconnu, qu'il y a aussi loin d'Alexandrie à Milan, que du Théâtre-Français au théâtre de la Scala, et que le moment n'est pas encore venu où Napoléon III, plaçant sur son front la fameuse couronne de fer des rois Lombards, pourra répéter avec Charlemagne, Charles-

Quint et Napoléon Ier, les paroles que la tradition attribue à Agilulphe : « *Dieu me la donne, gare à qui la touche.* »

Ajoutons, pour rassurer les ombres des rois Lombards, que la couronne de fer est enfermée dans la forteresse de Mantoue, et que c'est là qu'il faudra aller la prendre.

INDEX DE LA CARTE.

—

Les positions des corps belligérants n'ont guère été modifiées depuis la publication de notre dernière carte.

Nos lecteurs pourront donc, d'après les indications données précédemment, se faire une idée très exacte de leur situation, en tenant compte du mouvement des Autrichiens qui ont quitté Verceil et abandonné cette position aux alliés.

Le village de Montebello, où a eu lieu un combat assez important, est situé à 2 lieues à l'est de Voghera, non loin du chemin de fer qui va de Tortone à Stradella (voir la carte annexée au Bulletin du 17 mai).

La carte que nous donnons aujourd'hui représente, sur une grande échelle, la célèbre ligne du Mincio et les forts de la Lombardie. La ligne du Mincio est, comme on sait, l'un des points stratégiques réputés les plus forts de l'Europe, et il n'est pas douteux que le territoire que nous mettons sous les yeux de nos lecteurs n'ait à jouer un rôle des plus importants dans l'histoire de la campagne de 1859.

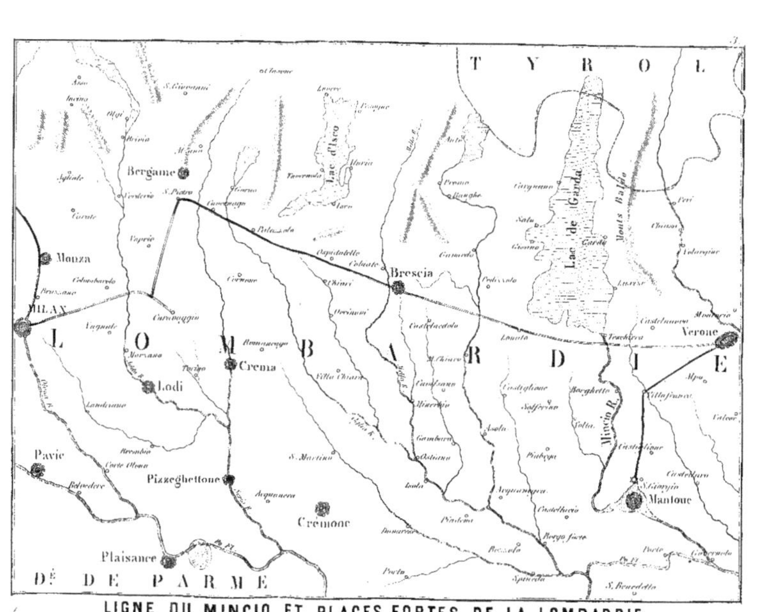

LIGNE DU MINCIO ET PLACES FORTES DE LA LOMBARDIE.

AFFAIRE DE MONTEBELLO.

—

OPÉRATIONS DANS LE NORD DE LA LOMBARDIE.

—

Du temps de Ruy-Blas, si l'on en croit M. Victor Hugo, don Carlos écrivait du fond de l'Aragon à la reine de toutes les Espagnes :

« Madame, il fait grand vent et j'ai tué six loups. »

Mais ce temps est loin de nous. Aujourd'hui, l'on parle en prose et l'on est plus explicite. Le lendemain de l'affaire de Montebello, par exemple, alors que l'Europe inquiète tendait une oreille attentive aux échos des Alpes pour savoir si décidément le premier fait d'armes accompli sur le théâtre de la guerre était une victoire ou une défaite pour les alliés, le *Moniteur universel* publiait la nouvelle suivante, arrivée d'Alexandrie par voie télégraphique :

« Il fait beau temps et l'empereur se porte bien. »

Si explicite que fût cette nouvelle importante, elle ne suffisait pas néanmoins pour rassurer l'Europe. Mais grâce à Dieu les correspondances particulières arrivèrent bientôt après, et l'on ne tarda pas à être fixé sur les dangers qu'avait courus l'empereur. S. M. avait quitté Alexandrie le matin même et, pendant que la division Forey engageait le combat au Nord de cette ville l'empereur en redingote grise et les bras croisés dans l'attitude historique du petit caporal, visitait avec orgueil le champ de bataille de Marengo, au Sud de la forteresse. Une demi-heure après le retour de S. M., dit le *Siècle*, qui serait bien étonné d'apprendre qu'il a tant d'esprit, on savait à Alexandrie que la victoire était restée aux Français après une lutte acharnée, mais qu'ils avaient à déplorer des pertes cruelles.

Enfin est arrivé le rapport simple et concis du général Forey, au-dessous de la signature de qui l'on a cru devoir ajouter, comme complément, le *post-scriptum* éminemment français que voici :

« D'après les renseignements qui me viennent de tous côtés, les forces de l'ennemi ne sauraient être au-dessous de 15 à 18 mille hommes; et si j'en croyais les rapports des prisonniers, elles dépasseraient de beaucoup ce chiffre. »

Le fait est que, comme nous l'avons prévu dans notre précédent bulletin, le commandant en chef de l'armée autrichienne ayant cru devoir exécuter un mouvement de retraite générale pour attirer l'ennemi sur le Tessin, avait donné ordre au général Stadion de s'avancer de Stradella vers Casteggio et Montebello, villages occupés par la cavalerie sarde et les avant-postes français, et d'engager un combat sur ces points pendant que le quartier-général se replirait sur Garlasco qui forme, en avant du Tessin, le sommet d'un angle obtus appuyé sur Pavie et Vigevano.

Le général Stadion, qui ne pouvait se douter que les avant-postes alliés se trouvaient assez éloignés de la division Baraguay-d'Hilliers pour ne recevoir de renforts que deux heures après l'attaque, le général Stadion, disons-nous, déploya donc en avant de Stradella une division composée de 9 à 10 mille hommes et envoya ses têtes de colonne occuper d'abord Casteggio, puis Montebello.

Il n'y avait en ce moment, aux avant-postes français, que deux bataillons du 84e cantonnés en avant de Voghera, et ils se gardèrent en attendant des renforts, ce qui se conçoit du reste, de marcher sur Montebello. Les Autrichiens prirent donc deux heures pour s'établir à Montebello et à Casteggio, et c'est au bout de ce temps qu'arriva la division Forey avec la cavalerie sarde du général Sonnaz, forte d'environ 40,000 hommes d'après l'estimation du général Giulay, ce qui est un chiffre évidemment aussi exagéré que l'évaluation française des forces ennemies. Ce qui pourrait être vrai, c'est que le corps d'armée du maréchal Baraguay-d'Hilliers est fort d'environ 40,000 hommes, mais la moitié de ce corps au moins a dû se tenir en réserve, tandis que l'autre moitié engageait le combat. Ce dernier chiffre de 20,000 hommes du côté des alliés nous paraît d'autant plus vraisemblable qu'il représente presque exactement la force d'une division en campagne, et que le rapport officiel avoue que *la division* Forey a été engagée.

On sait généralement, par le rapport de ce brave

général, quelles sont les dispositions de bataille qu'il a prises pour s'emparer de Montebello, et comment il a repoussé les Autrichiens jusque dans le cimetière de Casteggio, à travers les rues barricadées de ce village, comme si son occupation valait le sacrifice de cent hommes. Néanmoins, le combat sur ce point a été tellement acharné que, du côté des Autrichiens seulement, il serait resté 294 morts sur le champ de bataille, sans compter 718 blessés, dont un général, un major et 26 autres officiers. Il est juste d'ajouter que ces chiffres sont encore d'origine française, et que le correspondant du journal le mieux informé du monde, *le Times*, les réduit à 500 morts et blessés. Quant aux 200 prisonniers autrichiens ramenés à Voghera, ils ne se sont pas fait lâchement empoigner en battant en retraite, mais retranché les armes à la main dans les maisons, derrière les barricades et dans le cimetière de Casteggio, défendant le terrain pied à pied, corps à corps, comme de braves soldats, pour protéger la retraite en bonne ordre de leurs camarades.

Aussi comprenons-nous dans quelle perplexité a dû se trouver l'empereur Napoléon, le lendemain, en présence des résultats de la lutte, alors qu'il s'agissait de faire savoir à la France, par la voie du *Moniteur*, si l'affaire de Montebello était décidément une victoire ou une défaite.

« Madame, il fait grand vent et j'ai tué six loups, »

a-t-il dit pour se tirer d'affaire.

Constatons que pendant le magnifique combat soutenu avec tant d'éclat par les généraux Stadion et Benedeck, le corps central de la ligne d'opération des Autrichiens se repliait en bon ordre sur Garlasco, emportant avec lui ses canons, ses vivres, ses munitions, ses magasins et tout l'attirail qui était destiné à servir au siége de Casale, de Valence et d'Alexandrie si l'armée française n'était pas arrivée si promptement au secours de ses alliés.

Du côté de Verceil, où le mouvement de retraite s'opérait simultanément, il ne nous coûte rien de dire que ce mouvement a été beaucoup plus contrarié par l'ennemi, car de ce côté là, où il n'y avait pas de diversion et où le terrain aurait dû par conséquent être disputé avec plus d'acharnement encore qu'à Casteggio, le général autrichien n'a presque pas défendu le passage de la Sesia au général Cialdini, et c'est ainsi que celui-ci a pu s'emparer d'une quantité assez considérable de vivres et de bagages. Il est vrai que Garibaldi, avec ses volontaires, obliquait au même moment, et que si le général autrichien avait accepté la bataille en plaine au lieu de gagner Novare, la partie n'aurait plus été égale : il suffisait de quelques heures perdues pour que sa division fut prise en flanc, et dès lors la retraite eut été tout à fait compromise.

C'est à la suite de ce dernier mouvement que Garibaldi s'est dirigé hardiment sur Arona, puis sur Sesto-Calende, à la pointe du lac Majeur, à l'endroit où le Tessin sort des eaux mêmes du lac. C'est de là que, menaçant Laveno, où se trouvaient les bâteaux à vapeur autrichiens, qui auraient pu être capturés, à moins de se retirer sur territoire neutre comme les bateaux sardes ; c'est de là, disons-nous, que Garibaldi s'est jeté sur Varèse où, n'ayant pas de canon ni de cavalerie, il a dû commencer par se fortifier pour se préparer à soutenir une attaque, dont le menace le général autrichien Urban.

A voir encore une fois Garibaldi en sentinelle perdue avec son corps d'armée, comme il l'avait déjà été précédemment dans le Val de la Sesia, derrière le lac

Majeur, sans corps de réserve, sans place de retraite, à laquelle il eût pu appuyer ses mouvements offensifs, on est tenté de se demander si le fougueux républicain constitutionnel n'est pas aux mains de l'Empire un instrument que celui-ci veut briser pour anéantir avec lui la révolution. On le croirait d'autant plus volontiers que Napoléon III a fixé à 6,500 l'effectif du corps des volontaires, et qu'on incorpore dans l'armée sarde la fleur de ces volontaires. Mais il paraîtrait que Garibaldi se moque de Napoléon comme de Victor-Emmanuel. A l'aide d'un serment, qui lui donne un pavillon pour couvrir sa marchandise, il a été droit devant lui, mettant le feu à tous les esprits par des promesses qu'il fait plutôt au nom de Mazzini qu'au nom de l'Empire, et sans perdre de vue les Alpes, où bien certainement les Autrichiens n'auraient pas été entreprendre avec lui la guerre de partisans. On lui prête le projet de soulever les populations lombardes contre la domination autrichienne, de ramasser tous les hommes capables de porter les armes et n'ayant rien à perdre, enfin de profiter du premier engagement général entre les deux armées, pour tâcher d'arriver à Milan avant Napoléon.

Entre temps, comme il se pourrait très-bien que, pour couper la retraite des volontaires, les Autrichiens les refoulassent vers le canton du Tessin au nord du lac Majeur, le conseil fédéral suisse qui entend faire respecter à tout prix sa neutralité, s'est hâté d'envoyer le colonel Bontems à la tête d'une division qui est établie en avant de Lugano. Sa mission est de veiller à l'intégrité du territoire de la patrie par une défense efficace des frontières contre toute troupe armée qui tenterait d'en forcer le passage. Son rôle est de fortifier les positions, de désarmer les troupes et les individus qui entreraient en armes sur le territoire, d'avoir l'œil attentif à toute agression de la part des armées belligérantes et d'empêcher, le cas échéant, la sortie de corps organisés dans le but de prêter main forte à l'une ou l'autre de ces armées. Et afin de faciliter la mission du colonel Bontems, le conseil fédéral a résolu d'interner tous les réfugiés dans les cantons du centre.

Il n'est pas sans intérêt de jeter ici un coup d'œil sur l'horizon politique qui s'assombrit tous les jours. Ceux qui comptaient sur la neutralité de l'Allemagne contenue par la Prusse, sur les efforts de l'Angleterre pour circonscrire la guerre en Italie, pour empêcher la question

4.

Lombardo-Vénitienne de mettre le feu à l'Europe, commencent à revenir de leurs douces illusions. La mort du roi de Naples, le départ de Kossuth pour Gênes, la révolution Toscane, la présence d'une armée autrichienne dans le Tyrol, le revirement qui paraît s'être opéré dans les tendances de la politique russe effrayée des progrès croissants et menaçants de l'esprit révolutionnaire, tous ces faits et toutes ces causes ont encore compliqué une situation déjà si difficile.

Sauf la France et le Piémont, les grandes puissances ont déjà reconnu le nouveau roi de Naples. A peine monté sur le trône, le jeune prince, neveu de Victor-Emmanuel, a déclaré qu'en présence des événements qui s'étaient produits dans le nord de l'Italie, il garderait la neutralité. Cette attitude est la seule qui convenait à un prince italien. La prudence ne doit jamais égarer le patriotisme, ni le patriotisme la prudence. François II a mille fois raison de se défier de Louis-Napoléon qui amuse les peuples avec de beaux serments et de pompeuses promesses, et il a raison de ne pas marcher contre le Piémont, pour ne point donner au monde le spectacle de frères s'entregorgeant les uns les autres. Aussi la neutralité du roi de Naples déjoue tous les projets de l'empereur des Français et contrarie l'ambition du prince Napoléon, dont le débarquement à Livourne ne s'expliquerait pas plus que sa proclamation s'il n'était pas en quête d'un royaume.

« Habitants de la Toscane, a-t-il dit, l'Empereur m'envoie dans vos pays sur la demande de vos représentants, pour y soutenir la guerre contre vos ennemis, les oppresseurs de l'Italie.

» Ma mission est exclusivement militaire ; je n'ai pas à m'occuper et je ne m'occuperai pas de votre organisation intérieure.

» Napoléon III a déclaré qu'il n'avait qu'une seule ambition, celle de faire triompher la cause sacrée de l'affranchissement d'un peuple et qu'il ne serait jamais influencé par des intérêts de famille. Il a dit que le seul but de la France, satisfaite de sa puissance, était d'avoir à ses frontières un peuple qui lui devra sa régénération.

» Si Dieu nous protége et nous donne la victoire, l'Italie se constituera librement ; et en comptant désormais parmi les nations, elle affermira l'équilibre de l'Europe.

» Songez qu'il n'est pas de sacrifices trop grands lorsque l'indépendance doit être le prix de vos efforts, et montrez au monde, par votre union et par votre modération, autant que par votre énergie, que vous êtes dignes d'être libres.

» Le prince commandant en chef le 5ᵉ corps de l'armée d'Italie,

» *Signé :* NAPOLÉON (Jérôme). »

Il est vrai qu'à en croire Napoléon III, il n'envoie son impérial cousin soutenir la guerre en Toscane contre les oppresseurs de l'Italie, que pour ne pas le laisser « croquer le marmot à Paris. »

Sera-t-il longtemps permis de se moquer des peuples avec cette impudence?

Ajoutons que, d'autre part, la neutralité de François II sert admirablement la politique autrichienne et seconde les vues de la politique anglaise.

Un autre fait sur lequel nous devons appeler la sérieuse attention de nos lecteurs, c'est le départ de Kossuth pour Gênes, de Kossuth qui vient d'affirmer les tendances françaises, de Kossuth qui brûle de l'encens au nez du dernier des Bonaparte, de Kossuth qui va révolutionner la Hongrie au profit du plus grand ennemi que la liberté ait en Europe. Le grand agitateur, choisit bien mal son moment pour réveiller la question hongroise, pour affranchir son pays. Sans doute nous estimons les hommes que le patriotisme a illustrés et qui ont tout sacrifié à leurs concitoyens : famille, fortune, bonheur. Mais ces sacrifices eux-mêmes ne leur donnent point le droit de vouloir perdre, par excès de haine, la cause dont ils sont restés les défenseurs. Qu'en des temps meilleurs, quand le continent ne sera plus menacé par l'ambition d'un despote sans honneur, sans conscience et sans génie, quand la France sera remontée au niveau des peuples libres et civilisés, Kossuth se lève et en appelle à l'indépendance de la Hongrie et du monde, à la bonne heure ; mais aujourd'hui qu'il n'y a, pour l'Europe entière, qu'un seul ennemi à coucher par terre, Louis Napoléon, Kossuth se trompe et il sert mal la cause dont il est le champion en s'alliant avec les ennemis de l'Autriche.

Quant à la révolution Toscane ; elle embarrasse beaucoup l'Angleterre qui, en sa qualité de nation libérale, n'a jamais méconnu le principe de la souveraineté des peuples. Lord Derby reconnaîtra-t-il le gouvernement provisoire installé à Florence? Cette question n'est pas résolue pour le moment en Angleterre et l'on attend, pour lui donner une solution, l'attitude du gouvernement français, du prince Napoléon et la tournure que prendront les événements de ce côté.

La présence d'une armée autrichienne dans le midi de l'Allemagne aura sans doute une influence décisive sur les résolutions à prendre, car ce n'est ni plus ni moins que la guerre générale. Aussi le premier ban de la Landwer vient d'être appelé sous les drapeaux en Prusse. Déjà la Landwer de Berlin est équipée et armée ; de plus, le comité militaire a accueilli la motion du Hanovre de mobiliser le contingent fédéral et la proposition en sera faite à la Diète germanique. Enfin s'il faut en croire les journaux allemands, ce qui est bien plus significatif, la partie rhénane de la Bavière va être couverte par une armée de trente mille hommes.

En réponse à ces armements formidables, la France organise une armée de l'Est, dont on avait d'abord parlé comme d'une fiction et qui est déjà portée aujourd'hui à 120,000 hommes. Mais que pourront ces 120,000 hommes contre une nation électrisée par un vrai patriotisme, et qui peut, en frappant du pied son sol fertile et aimé, faire surgir tout à coup, sur les bords du Rhin, un million de soldats? — Il est vrai qu'on parle d'une alliance franco-russe; nous-mêmes, dans notre dernier bulletin, nous l'avons cru possible. Mais les choses ont bien changé

La Russie, dont la politique est d'affaiblir et d'amoindrir l'Allemagne, verrait avec plaisir une réunion de la Lombardie au Piémont. Mais le Czar, qui a des comptes à régler avec la Pologne, est aussi l'ennemi naturel et nécessaire de la Révolution. Qui servit, en 1848, la cause de l'Église et de l'autorité? qui étouffa la Hongrie victorieuse? qui fut le vainqueur de la République française, bien avant cela? — Le Czar. Or, le Czar s'est effrayé à juste titre du caractère révolutionnaire que prenaient les événements en Italie; il s'est effrayé de la présence de Garibaldi sur le Tessin; il s'est effrayé des menaces et des appels de Kossuth; il s'est effrayé des manifestations de joie de Mazzini. Le Czar a donc entrevu l'abîme. L'Autriche aussitôt profite habilement de ses hésitations, elle sacrifie Buol qui déplait, et, après mille efforts, elle arrache au cabinet de Saint-Pétersbourg une espérance de neutralité. C'est du moins ce qu'on annonce de tous côtés.

En résumé, la politique française perd donc tous les jours du terrain sur le continent. Rien ne se produit en Allemagne qui ressemble à une réaction. L'Angleterre ni la Russie ne se laissent pas entraîner à la guerre, la Prusse ni l'Allemagne à la neutralité.

Dieu fasse que la France, victime expiatoire des horreurs de l'Empire, ne soit pas une seconde fois envahie ! Elle pourrait payer cher son chauvinisme et son culté incompréhensible pour le système du Deux-Décembre; car c'est sur son dos qu'on battra le neveu du grand homme, pour lui apprendre à respecter les nationalités et à trouver, chez les autres peuples, un courage et un patriotisme dont il croit avoir seul le monopole.

———

Les dernières nouvelles de la semaine sont de nature à exciter le plus vif intérêt.

Nous avons d'abord le rapport officiel du feldzeugmester comte Giulay sur l'affaire de Montebello, qui confirme exactement l'appréciation que nous avons faite de cette affaire, alors que tous les journaux de l'Empire chantaient victoire sur tous les tons, et que d'aucuns poussaient l'impudence jusqu'à oser soutenir que 2,500 Français avaient battu 15,000 Autrichiens. Il est bien

vrai, en effet, que la manœuvre offensive du général
Stadion n'avait d'autre but que de couvrir un mouvement
de retraite, que ce mouvement s'est exécuté dans toutes
les règles, et que s'il y avait un *Te-Deum* à chanter
pour cette affaire, ce ne serait pas à Notre-Dame de
Paris.

La tactique du général autrichien consistait à s'emparer de Casteggio et de Montebello, afin d'avoir une
base pour menacer Voghera et forcer l'ennemi à déployer toutes ses forces de manière qu'elles ne pussent
se porter sur un autre point.

On sait aujourd'hui avec quelle précision admirable
cette manœuvre s'est exécutée, mais le général Giulay
ne dissimule pas ce que lui a coûté le succès remporté
par le général Stadion. La liste des morts et des blessés
qui se trouve annexée au rapport, présente un chiffre
total de 718 blessés, 294 morts et 283 absents. Dans le
nombre des blessés se trouve le général Braum et
24 officiers; 11 officiers subalternes sont tués et 4 sont
notés comme absents. Les combattants rangés dans
cette dernière catégorie sont évidemment les prisonniers faits à Casteggio, qui ont été transportés au quartier-général français.

On remarquera que le feldzeugmester autrichien éva-
lue positivement à 40,000 le nombre des combattants
ennemis, contre lesquels la division Stadion a eu à
lutter. Les troupes françaises qui ont été au feu se
composaient de 12 régiments d'infanterie, quelques
bataillons de chasseurs et un régiment de cavalerie; les
Piémontais avaient fourni une brigade et le régiment
de Novarre.

Le résultat essentiel de l'affaire de Montebello, c'est
que les Autrichiens se sont assuré la position de Stradella dont nous n'avons pas attendu jusqu'aujourd'hui
pour signaler l'importance. C'est cette position que le
général Bonaparte occupait dans la campagne de 1800,
avec le gros de l'armée française, tandis que les alliés
se trouvent à peu près aujourd'hui dans les mêmes
conditions que les troupes du général Mélas : il y a
cette différence seulement qu'en 1800 l'armée autrichienne était isolée et sans point d'appui sérieux en
Piémont, tandis que l'armée française y a aujourd'hui
une base d'opération solide.

Nous apprenons aussi que Garibaldi n'est pas resté
inactif devant Varèse. Il s'est barricadé dans cette dernière ville; il l'a défendue avec un courage digne d'une

meilleure cause et, après un combat acharné qui témoigne hautement de l'élan des troupes autrichiennes, le célèbre aventurier a pu rester maître du champ de bataille. On s'étonnera peut-être encore qu'avec cinq ou six mille hommes il ait osé se porter dans la haute Lombardie, loin des alliés et pour ainsi dire au milieu de l'armée de Giulay ; mais tout s'explique par la proclamation suivante, répandue partout, jusque dans Milan, et qui devait déterminer une puissante insurrection dans la Lombardie en même temps que grossir le nombre des volontaires italiens :

« Lombards !

» Vous êtes appelés à une nouvelle vie et vous devez répondre à l'appel comme le firent vos pères à Ponsida et Legnano. L'ennemi est encore le même : atroce, assassin, impitoyable et pillard. Vos frères de toutes les provinces ont juré de vaincre ou de mourir avec vous. C'est à nous à venger les insultes, les outrages, la servitude de vingt générations passées, c'est à nous à laisser à nos fils un patrimoine pur de la souillure de la domination du soldat étranger.

» Victor-Emmanuel, que la volonté nationale à choisi pour notre chef suprême, m'envoie au milieu de vous pour vous organiser dans les batailles patriotiques. Je suis touché de la sainte mission qui m'est confiée et fier de vous commander.

» Aux armes, donc! le servage doit cesser.

» Qui peut saisir une arme et ne la saisit pas est un traître.

» L'Italie, avec ses enfants unis et affranchis de la domination étrangère, saura reconquérir le rang que la Providence lui a assigné parmi les nations. »

Cette proclamation, qui ressemble évidemment à toutes celles du genre, nous paraît bien faite pour soulever un peuple excité par le courant révolutionnaire. C'est de la violence dans le langage, c'est de l'exagération dans le patriotisme. Nous n'admettons pas qu'on puisse s'écrier devant un ennemi dont la bravoure n'est pas contestée, et qui, après tout, puise son droit dans des traités reconnus et signés jadis par l'Europe toute entière : *Qui peut saisir une arme et ne la saisit pas est un traître.* Est-ce bien là ce calme, est-ce bien là cette générosité des grands citoyens de l'ancienne Rome, dont Garibaldi et tous les républicains de l'Italie invoquent sans cesse le souvenir? Ces appels à l'assassinat vont mal aux mœurs de notre siècle. Les proconsuls de Robespierre eux-mêmes l'avaient senti et l'on ne vit jamais le premier et seul Bonaparte s'abandonner à ces fanfaronnades qui seraient ridicules, si elles n'étaient odieuses. Napoléon III lui-même, n'eût jamais dicté une proclamation semblable à celle dont nous parlons.

Quoi qu'il en soit, le combat de Varèse a tourné à l'avantage de Garibaldi. Le patriote républicain dont on connaît le talent militaire, a mis immédiatement à profit cette espèce de victoire et il s'est avancé sur Côme.

Côme est une ville frontière de la Lombardie, située à environ huit lieues de Milan et à la pointe sud du lac qui porte son nom. C'est une des positions les plus importantes de la haute Lombardie. Côme communique avec Milan par un chemin de fer.

Garibaldi ayant rencontré les Autrichiens en avant de cette ville les attaqua avec furie. Le combat au dire des dernières dépêches dura 8 heures. Ce fut donc une lutte de géants. Après une résistance héroïque et désespérée les troupes de Giulay durent céder. Plusieurs pièces d'artillerie et quelques prisonniers tombèrent au pouvoir des Italiens, qui quelques heures après entraient dans Côme aux applaudissements frénétiques de la population. Quant aux Autrichiens, ils se sont retirés sur Monza.

On assure que Garibaldi va recevoir un renfort de plusieurs pièces d'artillerie. Il paraît même que le général Niel marche à son secours. Le tout est de savoir comment ces deux capitaines s'y prendront pour opérer leur jonction. Les Français, s'ils veulent parvenir jusqu'à Garibaldi, doivent nécessairement franchir le Tessin avec l'audace qui a si bien servi le fameux aventurier.

Les deux faits d'armes de Varèse et de Côme contrastent singulièrement avec la lenteur de mouvement des alliés. Pendant que Louis-Napoléon se promène autour d'Alexandrie, visite des champs de bataille tout pleins de la gloire de son oncle, passe en revue des troupes qui flânent le cigare à la bouche et font de mauvaises plaisanteries sur les chasseurs tyroliens, s'avance jusqu'à Voghera, puis rebrousse subitement chemin, on devine pourquoi; Garibaldi qui ne sert pas son ambition, mais son parti, marche résolument à l'encontre des Autrichiens et parvient, il faut le reconnaître, à leur faire beaucoup de mal.

Voilà donc le nord-est de la Lombardie envahi à son tour et nous allons voir commencer les opérations sérieuses, car il ne faut pas perdre de vue que jusqu'ici les alliés ne se sont heurtés à aucune ligne stratégique. Passer le Tessin, à la pointe du lac majeur, dans un pays de montagnes où l'on ne peut guère faire autre chose que la guerre des partisans pour occuper un pays sans défense et sans valeur au point de vue stratégique, se jeter sur Varèse et s'emparer de Côme, sont de très-hardis faits d'armes, mais qui ne troubleront pas le sommeil des Autrichiens. Ce qu'il serait curieux de voir et marquerait la première étape des alliés, c'est la retraite du quartier-général autrichien sur l'Adda, l'enlèvement de Stradella et le siége de Pavie.

Ajoutons que l'Autriche a pour transporter ses troupes, sur le champ des opérations, un chemin de fer non interrompu de Vienne à Milan, en passant par toutes les villes importantes de l'empire; qu'elle possède, en outre, plusieurs bonnes routes ordinaires pour descendre dans la vallée de l'Adige, et que toutes ses possessions en Italie sont reliées par de nombreux chemins de fer, qui sont autant de voies stratégiques; tandis que le Piémont n'a aucun chemin de fer vers la haute Italie pour transporter, sur un point menacé, les troupes alliées.

Aujourd'hui que François-Joseph est arrivé sur le

champ de bataille, la guerre des deux empereurs est commencée : la cause italienne n'aura plus rien à y voir.

INDEX DE LA CARTE.

Nous avons représenté dans la carte ci-contre les positions des divers corps d'armée comme suit :

Les alliés, français et piémontais, sont figurés par des lignes bleues, les occupations autrichiennes le sont par des lignes rouges et les positions des corps de Garibaldi sont indiquées au moyen de lignes vertes.

Des raies violettes indiquent la situation de l'armée suisse d'observation, sous les ordres du colonel Bontems.

Il sera facile à nos lecteurs, en rapprochant cette carte de celle qui a paru dans notre n° 2, du 17 mai, de se rendre un compte exact du mouvement de retraite opéré sur toute la ligne par l'armée autrichienne.

Il suffit d'imaginer un cordon passant par les places d'occupation primitive Arona, Verceil, Lomello, et un autre, traversant les positions actuelles : Novare, Mortara, Garlasco, Pavie, pour remarquer que sur tous les points il s'est produit un mouvement de retraite bien accusé.

Nous donnerons dans notre prochain numéro le plan du COMBAT DE MONTEBELLO.

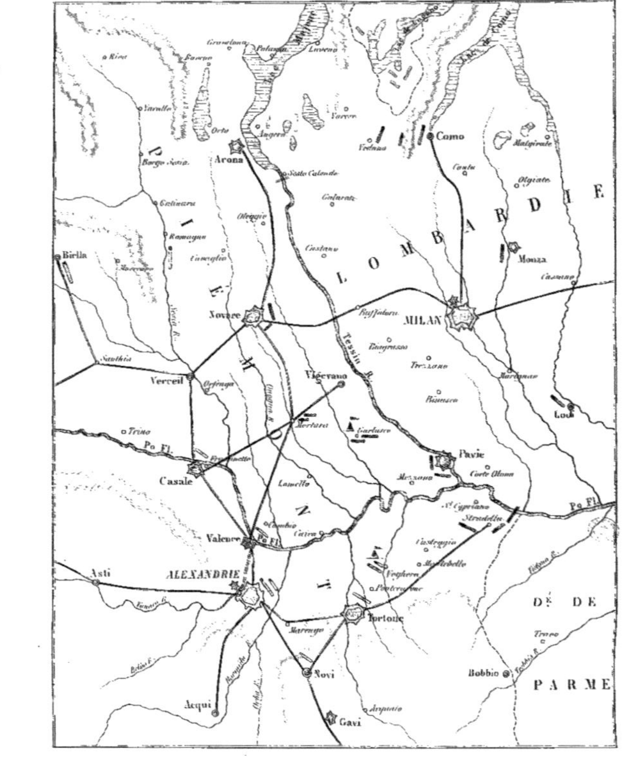

COURS DU TESSIN.
LOMBARDIE
PIÉMONT
DE DE
PARME
Como
Arona
Birlla
Novare
MILAN
Verceil
Vigevano
Loo
Pavie
Casale
Valence
Asti
ALEXANDRIE
Tortone
Bobbio
Acqui
Novi
Gavi
Tessin
Po Fl
Po Fl
Monza

POLITIQUE IMPÉRIALE.

—

« Me suive qui a encore foi dans le salut de l'Italie ! »
s'écriait Garibaldi le 3 juillet 1849, dans une proclamation au peuple de Rome : « nous avons les mains
» teintes du sang français, ce sont nos bras que nous
» plongerons dans celui des Autrichiens. »

Garibaldi reste donc conséquent avec lui-même. Ce
qu'il voulait en 1849, il le veut encore aujourd'hui, il
veut plonger les bras de l'Italie dans le sang des Autrichiens. Il y a cette seule différence dans la situation
actuelle, qu'en 1849 Garibaldi avait les mains teintes du
sang français parce que la république française le con-
traignait de respecter les traités de 1815, tandis qu'aujourd'hui Napoléon III, le dompteur de la république,
associe son armée à la cause des condottieri pour

effacer de l'histoire toutes les humiliations infligées au nom des Bonaparte par la volonté de l'Europe.

En effet n'est-il pas assez clair, dès aujourd'hui, que ce que veut Napoléon n'est autre chose que la révision des traités qui ont assuré la paix de l'Europe en maintenant l'équilibre des nationalités? Nous n'en voulons pour preuve que ce qui s'est passé dans la principauté modenaise de Massa, et en Toscane. A Massa, les émissaires de l'Empire, couvrant du pavillon constitutionnel du roi Victor-Emmanuel l'aigle de Boulogne, ont incorporé la principauté au royaume de Sardaigne par proclamation. Il ne s'agissait pas là de guerre ni de déclaration de guerre, car les bêtes féroces ne parlementent avec leur proie que dans la fable, mais de déchirer les traités par un coin et dans la direction de l'autre, de manière à les partager en deux comme on en voudrait faire de l'Italie elle-même.

En Toscane, sous prétexte qu'il n'était chargé que d'une mission militaire, le prince Napoléon est allé se faire remettre, toujours par un commissaire sarde, le commandement de l'armée. La Toscane n'était pourtant en guerre avec personne et c'était bien le moins qu'elle pût rester neutre. Mais on sait en France, depuis le

2 décembre, ce que l'on peut faire à l'aide de l'armée et l'on s'est entendu avec l'armée toscane pour chasser le grand duc à qui elle avait juré serment de fidélité. Malheureusement le grand-duc ne veut pas abdiquer, et nous ne voyons pas que les puissances garanties du respect des nationalités soient disposées à reconnaître le nouveau gouvernement révolutionnaire. Il est vrai que cela n'empêchera pas l'impérial cousin, au cas où les Autrichiens réunis en force à Bobbio menaceraient Gênes ou Alexandrie pendant que toutes les forces alliées seraient engagées sur le Pô ou sur le Mincio, cela n'empêchera pas l'impérial cousin, disons-nous, de s'ouvrir un passage à travers le duché de Lucques, la principauté de Massa-Carrara et le duché de Gênes pour tâcher de contrarier les opérations des troupes impériales et royales.

Le prince Napoléon, qui nous fait l'effet d'une lame de poignard à deux tranchants, pourrait bien aussi, dans une circonstance donnée et que tout porte à se produire, prendre le chemin de Rome pour aller mettre le pape en lieu sûr. Il n'attend pour cela qu'un mot du général de Goyon, et celui-ci fait de son mieux pour amener S. S. à demander du secours à la France. En effet les agents du gouvernement français font répandre à profusion, dans les casernes des soldats suisses au service du Saint-Siége, la proclamation suivante qu'il est bon de méditer :

« Soldats des régiments étrangers !

» L'Autriche, unique cause de notre servitude, est déjà emprisonnée dans un cercle par les armées invincibles de la France et du Piémont. Le peuple sort en foule et court aux armes pour défendre les droits de l'Italie. Soldats ! vous avez le choix : ou venez renforcer les rangs de l'armée italienne, ou retournez librement au sein de vos familles.

» Soldats ! voudriez-vous combattre pour la défense d'un gouvernement tyrannique ? Vous, les fils de Guillaume Tell, de la noble France et de l'Allemagne à l'esprit indépendant, vous avez trop de cœur, vous êtes les enfants de nations trop généreuses pour vous souiller avec tant d'ignominie !

» Vos officiers, souvenez-vous en, vous trompent en vous enrôlant avec des promesses qu'ils ne tiennent pas. Vous êtes les instruments, vous êtes les victimes d'une oppression brutale. N'oubliez pas qu'on vous a traités non comme des hommes, mais comme des brutes.

» Défiez-vous de vos officiers. Dominés par les plus vils intérêts, ils voudraient vous mettre aux mains avec un peuple qui aspire à conquérir ce que vous avez le bonheur de posséder dans votre patrie. On voudrait vous pousser dans une lutte injuste en invoquant l'honneur du drapeau. Mais peut-il y avoir honneur où il n'y a pas justice ? De plus, que vous servirait de combattre puisque la France est avec nous ?

» Suivez donc, suivez l'exemple de vos frères qui, en 1848, combattirent avec gloire à côté de nous et mêlèrent leur sang au nôtre pour la cause de l'Italie.

» Soldats ! venez donc à nous ; nous vous recevrons entre nos bras comme des frères, en criant : *Vivent les soldats des régiments étrangers ! Vive l'Italie !* »

Évidemment, avec de pareilles proclamations et le catéchisme de M. About aidant, on arrivera à mettre le feu à l'ancienne république de Garibaldi, et qu'en résultera-t-il ? C'est que le pape sera forcé de demander du secours au général de Goyon, que le prince Napoléon volera à Rome en criant, refrain connu : *Vive la liberté et l'indépendance italienne,* et qu'enfin imitant en cela l'empereur Charles-Quint, S. A. I. placera S. S. sous la protection de la France au château Saint-Ange en disant avec le poëte :

He ! Dieu merci !
Il est en lieu sûr, on n'arrête
Personne ici...

Ensuite, si la réaction formidable que nous entrevoyons ne se produit pas contre l'empire, on ramènera le pape à Paris — toujours sous la généreuse protection de la France, — et Pie IX se verra obligé de sacrer à Notre-Dame Napoléon III Empereur des Français, roi des romains et protecteur de l'Italie !

O liberté ! que tu es aveugle dans les emportements de tes révoltes !

En attendant les événements qui lui permettront d'entrer en scène dans la haute comédie qui se joue sur le Pô, le prince Napoléon fait activer la formation de ce qu'en Toscane aussi on nomme l'armée nationale, et qui s'intitulera : deuxième corps de l'Italie centrale. Gloire à eux ! à mesure qu'ils se formeront, les régiments de cette armée recevront un drapeau orné de la croix de Savoie. Il leur suffira, pour recevoir cette marque d'honneur incomparable, de jurer « d'être fidèle à Sa Sainte Majesté royale Victor-Emmanuel II comme à ses royaux successeurs, d'observer fidèlement les statuts et les lois de l'État, et de remplir tous les devoirs attachés à la qualité de militaire, dans l'unique but du bien du Roi et de la patrie. »

Sans doute, ce serment militaire formel entraine l'abnégation de sa propre volonté, l'obéissance passive aux supérieurs, les privations, les souffrances et les périls; mais aussi quel honneur pour les Toscans de devenir italiens sous le sceptre de Victor-Emmanuel II et sous le protectorat de Napoléon ! Est-il un Toscan qui n'ait pas la force de faire tant de sacrifices ! « Qu'il sorte de nos rangs, celui-là ! » s'écrie dans sa proclamation le commandant du 1er régiment : « mieux vaut une lâcheté aujourd'hui qu'une trahison demain ! »

Eussent-ils même parlé au nom de Louis-Philippe, ils auraient été les bienvenus, ceux qui, en 1830, seraient venus nous dire de ces choses là, à nous autres Belges, gens sensés, qui ne nous laissons pas éblouir par les mirages de l'imagination !

Il faut dire cependant, pour être juste, que devant

l'attitude prise par les cabinets de l'Europe, lorsqu'ils se sont vus face à face avec la révolution formidable soulevée par la France, la position du prince Napoléon tourne légèrement au comique. En effet, ne semble-t-il pas être « par terre entre deux selles ? »

Son Altesse Impériale avait depuis longtemps combiné avec les généraux Ulloa et Klapka les plans d'un mouvement immense qui eût embrasé toute l'Italie, le Monténégro, la Servie, la Hongrie et les principautés Danubiennes. Or, les complices du prince se sont rendus à Gênes en toute hâte, non pas seulement Ulloa et Klapka, mais tous les chefs de la révolution que la réaction avait depuis si longtemps dispersés. Les voilà donc à deux pas du triomphe; mais l'empereur Napoléon a peur, il tremble, il n'ose faire un pas de plus, car ce pas fait, il comprend peut-être que l'Italie tomberait aux mains de Garibaldi, et que la liberté prenant le chemin des Alpes précèderait en France le retour de l'Empire !

Mais il est temps d'aborder la relation des événements de la semaine, si nous voulons réserver quelques lignes au héros de la révolution italienne, que les dépêches ont montré tour à tour vainqueur et vaincu, s'emparant successivement de tous les points de la Lomelline, ou désarmé et en fuite dans les montagnes de la Suisse.

Garibaldi est né à Nice en 1807. Dès son enfance, il était d'une turbulence et d'une énergie telles que personne n'eût pu le mettre à la raison. Aussi son père se hâta-t-il de le faire entrer dans la marine, et notre héros, dont tous les chefs admiraient le sang-froid et la bravoure, allait monter en grade, lorsqu'il fut compromis à Gênes dans une conspiration. Sans hésiter, il brisa sa carrière et se réfugia en France, d'où il passa bientôt au service du bey de Tunis, en qualité d'officier. Mais cette nouvelle position était peu en rapport avec son humeur guerrière, et au bout de quelques mois, il partit pour l'Amérique du Sud, où il prit le commandement suprême de l'escadre montévidéenne, puis celui d'une légion composée exclusivement d'Italiens, qui déployèrent une valeur et une audace extraordinaires en combattant les soldats de Rosas.

Le bruit du canon de 1848 le rappela en Italie, mais son action, pendant toute la campagne de cette année, se borna à quelques escarmouches brillantes avec les Autrichiens, qu'il battit plus d'une fois dans le Tyrol et dans la Valteline ; mais après l'armistice de Milań, il fut forcé de se réfugier en Suisse avec ses volontaires. Rentré en Piémont peu après, il siégea quelque temps dans l'opposition au Parlement, mais aussitôt que le pape Pie IX eût quitté Rome, Garibaldi courut, avec plusieurs de ses anciens légionnaires, offrir ses services au gouvernement provisoire des États romains, qui le chargea de former un corps de partisans.

A la suite de l'armistice conclu entre les Français et la république de Rome, Garibaldi marcha sur Palestrina où le roi de Naples s'était avancé à la tête de 15,000 hommes ; il battit le roi qui se retira sur Velletri, le délogea de ce point, fit une pointe dans les Abruzzes, puis fut obligé de retourner à Rome sur un ordre du triumvirat. On sait comment, plus tard, devenu général en chef des troupes de la république, il défendit Rome lors du siége de cette ville, et comment ce lion furieux, ne voulant accepter aucune capitulation, traversa les baïonnettes françaises le 3 juillet 1849 pour se réfugier à Venise et défendre ce dernier boulevard de l'indépendance italienne.

Il ne s'arrêta qu'à Saint-Marin, après avoir vainement fait appel aux libéraux de la Toscane pour marcher sur Florence. Là, le général autrichien Gorzowsky lui proposa de laisser rentrer ses légionnaires chez eux et de donner un passe-port à leur chef à condition qu'il s'embarquât pour l'Amérique dans le plus bref délai. Mais ce n'était pas à Garibaldi qu'il fallait parler de conditions, et il résolut de gagner Venise à tout prix et malgré tout. Il partit aussitôt avec sa femme, précédé de trois guides et accompagné de 200 de ses légionnaires, décidés à mourir plutôt que de transiger avec l'ennemi.

Le général Gorzowsky, qui n'apprit le départ de Garibaldi que deux heures après, fut pris d'une colère telle, dit-on, qu'il lança une proclamation dans laquelle il menaçait de la fusillade quiconque oserait fournir du pain, de l'eau ou du feu aux fugitifs. Mais Garibaldi échappa à toute poursuite, et le 2 août il s'embarqua à Sesenatica sur treize barques de pêcheurs, à l'aide desquelles il comptait gagner Venise. Malheureusement, en vue de cette ville, au moment où les fugitifs allaient toucher au port, le brick autrichien l'*Oreste* attaqua la flotille de barques, et tout ce que put faire Garibaldi fut de gagner la plage de Mesola, laissant cinq barques au pouvoir de l'ennemi.

Mais il s'agissait de fuir encore, de gagner Ravenne par divers chemins, et sa femme Anita le suivait toujours! Or, après trois jours de marche, la malheureuse femme succomba à ses fatigues, et tel fut le désespoir de Garibaldi qu'il voulut mettre fin à ses jours. Mais ses compagnons lui rappelèrent qu'il se devait au salut de la patrie, et Garibaldi, après avoir confié à la terre les restes de sa bien-aimée, gagna Ravenne sous mille déguisements, puis parvint en Toscane, et enfin atteignit les États sardes, où nous le retrouvons aujourd'hui comme général du roi Victor-Emmanuel.

Rien n'est donc changé dans les allures du fougueux commandant des chasseurs des Alpes. La guerre qu'il fait aujourd'hui lui est familière, et très-fin sera le général qui arrétera Garibaldi dans sa carrière. Aujourd'hui ici, demain là, tantôt vous attaquant de front, puis disparaissant dans un mouvement de retraite qui n'est qu'une feinte pour vous harceler plus sûrement par le flanc; le jour en général, la nuit prenant toute sorte de déguisement comme un héros d'opéra comique, Garibaldi est une couleuvre qui vous glisse dans la main, c'est un Fra-Diavolo qui n'est jamais si à craindre que lorsqu'on croit le tenir.

Voilà comment on peut s'expliquer les nouvelles contradictoires qui nous arrivent journellement par toutes les voies, et l'incohérence des rapports mêmes. Nous l'avons vu d'abord organiser ses partisans derrière le lac Majeur, dans le val de la Sesia, abandonné de tout le monde, mais en position d'entreprendre une guerre de montagnes que les Autrichiens ne pouvaient accepter. Tout à coup l'on apprend qu'il se concentre à Biella et va se jeter sur Ivrée pour menacer le flanc de la division autrichienne qui battait en retraite sur Mortara pendant que les alliés passait la Sesia. On en était encore à se demander ce qui allait résulter de ces mouvements de Garibaldi, les Autrichiens l'attendaient peut-être en rase campagne, lorsque ce foudre de guerre tombe à Sesto-Calende, révolutionne la Lomelline et proclame Victor-Emmanuel à Varèse. A peine ce fait d'arme est-il accompli que le télégraphe nous mande l'entrée triomphale de Garibaldi à Côme, tandis que la division du général Urban, ne sachant plus où donner de la tête, reprend Varèse et menace Côme en s'efforçant de ne pas dégarnir Monza. Le lendemain, autre dépêche : Garibaldi est chassé de Côme, il a été désarmé à la frontière du Tessin et il s'est réfugié encore une fois sur le territoire de la Confédération helvétique. Mais pas du tout : il révolutionne au contraire la Valteline et soulève Sandrio, la capitale de cet ancien département français. Que s'est-il accompli depuis pour que Garibaldi ait repris Côme et Varèse et soit allé s'installer près de Loveno, au fort Saint-Michel, où l'on dit qu'il attend des renforts français qui lui viendront à travers le lac Majeur? La division du général Clam-Gallas, qui arrivait en même temps à Milan et à Monza, aurait-elle forcé notre guérillas à rebrousser chemin ?

Quoiqu'il en soit, on n'a plus de détail sur la révolte de la Valteline. Quand on considère que tout le nord de la Lombardie est coupé de routes par lesquelles arrivent chaque jour, à toutes heures, des convois de troupes sans fin pour renforcer l'armée impériale, la proclamation du général Giulay a probablement donné à réfléchir aux plus hardis. D'une part, il annonce qu'il arrive des forces nouvelles assez importantes pour comprimer avec la plus grande énergie toute tentative de révolution, et d'autre part, il donne sa parole que les localités qui feraient cause commune avec la révolution, qui voudraient barrer le passage aux renforts,

couper les communications, détruire les ponts, etc.,
seront punis par le fer et par le feu.

Mais voyons aussi ce qui se passe ailleurs. Ajoutons
seulement que Garilbaldi comme le général Forey s'est
trouvé en face d'un ennemi courageux, et que s'il lui a
enlevé des villes, des canons, des vivres et fait des prisonniers, Garibaldi sait ce qu'il lui en a coûté. Aussi
a-t-il le bon esprit, celui-là, de ne pas compter ses
morts et de laisser aux Autrichiens le soin de relever
les leurs.

On a dû nécessairement s'étonner, en lisant les détails de l'affaire de Palestro, d'apprendre que seuls les
Piémontais s'étaient trouvés engagés dans la lutte,
qu'au dernier moment seulement un régiment de
zouaves était venu donner un coup de collier aux soldats de Victor-Emmanuel.

D'abord le mouvement de Palestro n'a rien qui puisse
surprendre nos lecteurs, car depuis longtemps nous
les avons préparés à la retraite générale des Autrichiens en expliquant la signification de cette retraite.
On s'attendait donc, au camp des alliés, à voir décamper
l'ennemi à tout moment et l'on se préparait vraisemblablement à lui courir sus, lorsque d'étranges rumeurs

colportées de ville en ville et arrivées jusqu'au quartier général, frappèrent l'oreille du roi Victor-Emmanuel. C'était au moment où s'accréditait un autre bruit, celui du désarmement et de la fuite de Garibaldi. On se disait tout bas, et d'aucuns osaient le répéter tout haut, qu'il n'y avait pas à s'étonner de la destruction du corps des chasseurs des Alpes, attendu que le Roi conspirait avec l'Empereur Napoléon pour faire écraser la révolution italienne dans la personne de Garibaldi... Le roi était donc accusé de trahison, et cette calomnie paraissait d'autant plus vraisemblable qu'on ajoutait : le roi laisserait-il manœuvrer un de ses généraux en pays ennemi, comme un enfant perdu, sans l'appuyer par aucune réserve, si sa perte n'était pas jurée ?

Ces détails, dont nous garantissons l'exactitude, nous sont transmis de l'armée par un de nos amis : ils sont tout confidentiels, mais ils nous paraissent trop intéressants pour ne pas être révélés.

En apprenant qu'il était l'objet d'une telle calomnie, — car Victor-Emmanuel y va de bonne foi, lui, il ne trahit pas, — le roi se frappa le front et parut sortir d'un rêve. Il était d'autant plus vraisemblable qu'il trahissait, répétons-le, que l'empereur Napoléon s'était refusé à plusieurs reprises à faire passer le Tessin à la division Niel et à envoyer ce général au secours de Garibaldi.

C'est alors que, dans l'exaltation d'une sorte de rage, il voulut, sans en référer à personne, précipiter la retraite des Autrichiens pour tâcher de passer lui-même le Tessin. A cet effet il fit établir une batterie près de Cozzo pour protéger l'établissement d'un pont sur un rameau de la Sesia qui seule le séparait encore de l'ennemi. Mais le lendemain au point du jour, une batterie que le feld-maréchal baron Reischach avait fait construire dans la nuit, démonta la batterie sarde et força l'avant-garde du roi à se replier.

Bref, Victor-Emmanuel était à bout de toute patience, lorsque les Autrichiens, prêts à se retirer, furent signalés par les vedettes en avant de Palestro, de Vinzaglio et de Casalino. Comme à Montebello, ils offraient la bataille pour protéger la retraite. Un pont de chevalets est aussitôt jeté sur la Sesia pour remplacer le pont brisé par les Autrichiens, et Victor-Emmanuel marche en avant, suivi des quatre divisions : Fanti, Cialdini, Castelborgo et Duranti, cette dernière accourant à une assez grande distance. Il y avait avec ces divisions les

chevaux légers d'Alexandrie et quatre batteries d'artillerie par division.

L'ordre de bataille était celui-ci : tandis que les divisions Fanti et Castelborgo marcheraient sur la droite
de Palestro, la division Cialdini prendrait à gauche en
descendant de Vinzaglio, et le roi, qui commandait en
personne, marcherait de son côté avec la 4e division sur
l'objectif commun, qui était Palestro.

La fusillade des tirailleurs a commencé à une heure.
Bientôt le feu s'est engagé sur toute la ligne, et il durait depuis quatre heures, lorsque le roi, voyant qu'il
était impossible de déloger les Autrichiens de Palestro,
s'élança à la baïonnette sur leurs retranchements, pendant qu'un régiment de zouaves, envoyé par l'Empereur Napoléon, démontait une batterie et jetait les
artilleurs à l'eau. Le combat a été terrible. Comme à
Casteggio, on a dû prendre le village rue par rue,
maison par maison ; et quant à la batterie d'artillerie,
elle avait haché le tiers du régiment de zouaves avant
que ceux-ci ne parvinssent à la démonter. On ne saura
probablement jamais quel est le nombre des morts,
d'aucun côté.

Cette affaire dans laquelle ont été engagés deux

corps d'armée de force à peu près égale, a été excessivement brillante, aussi bien pour les Autrichiens que pour les Piémontais, d'autant plus que là au moins c'étaient de véritables ennemis qu'on avait devant soi, et qu'on savait pourquoi l'on se battait. Quant au roi Victor-Emmanuel, qui voulait se faire tuer, il a montré un courage tel que les zouaves eux-mêmes en tremblaient.

Le résultat de tout ceci, c'est que l'armée autrichienne est rentrée chez elle et que les alliés, au moment où nous écrivons ces lignes, se disposent à passer le Tessin pour marcher sur Milan, tandis qu'on parle de négociations proposées par la France pour en finir.

Nous nous arrêterons ici, car l'espace commence à nous manquer. Il nous suffira de dire que le quartier-général autrichien que notre carte indique encore à Garlasco, vient d'être transporté au moment où nous mettons ces lignes sous presse à Abbiate-Grasso, place située à deux lieues de Vigevano et sur la route de cette ville à Milan, sur le territoire lombard, et que l'Empereur François-Joseph a installé le sien derrière la ligne du Mincio, à Vérone, place forte très-importante que l'on trouvera indiquée sur la carte que nous avons publiée dans notre N° 3 du 24 mai. Il y est arrivé avec une suite excessivement nombreuse de princes, parmi lesquels se trouvent le grand duc héréditaire de Toscane et son frère le prince Charles.

POST-SCRIPTUM.

—

Au moment où nous terminons la publication de notre *Bulletin*, des nouvelles de la plus haute importance nous arrivent au sujet d'un combat extrêmement meurtrier qui vient d'avoir lieu.

Nous ne voulons pas nous départir en cette circonstance de la ligne de conduite que nous avons suivie jusqu'à ce jour.

Les renseignements qui sont arrivés sont encore des plus incomplets, et nous n'avons aucune preuve de leur exactitude. Nous tenons avant tout à ne rien hasarder, et nous croyons pouvoir affirmer que nous n'avons pas donné jusqu'aujourd'hui un seul renseignement, quel qu'il fut, que nous ayons été obligés ensuite de démentir.

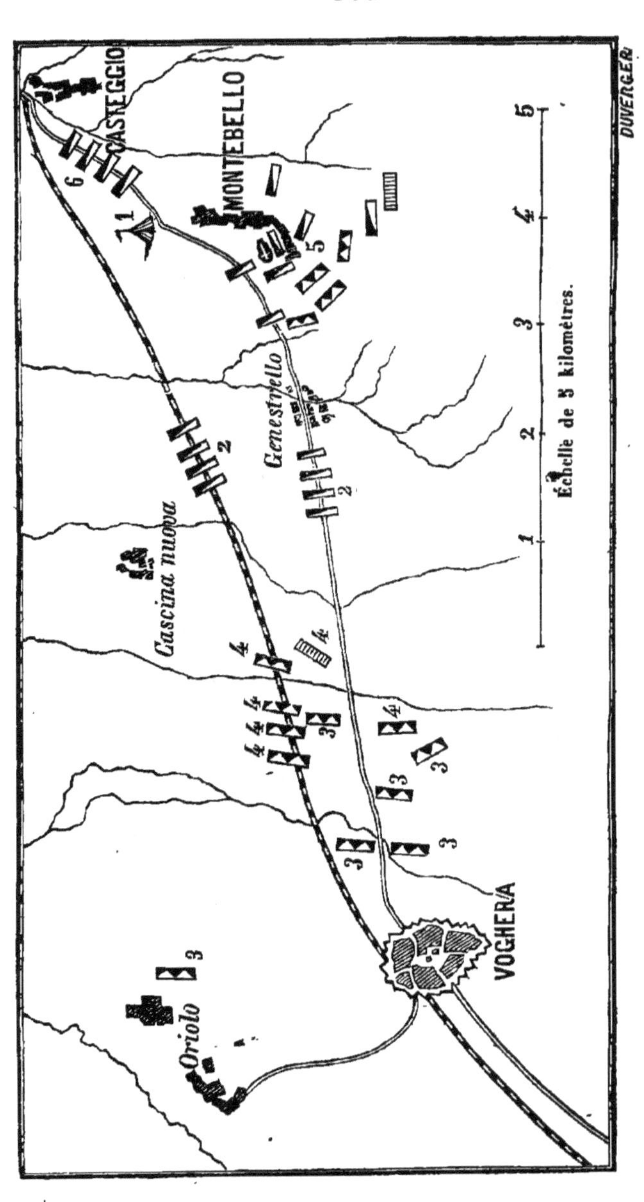

BATAILLE DE MONTEBELLO.

INDEX DU PLAN.

—

▭	Corps autrichiens.
▭	Troupes françaises.
▭	Cavalerie piémontaise.
═	Routes.
▬	Chemins de fer.

1. Gardes avancées piémontaises qui, se repliant sur Voghera, signalèrent l'approche des colonnes autrichiennes.

2. Arrivée des Autrichiens, mi-partie par la route de Casteggio à Voghera, mi-partie par le chemin de fer.

3. Positions occupées par les régiments français qui prirent part au combat.

4. Mouvement des troupes françaises au devant des Autrichiens.

5. Attaque du village de Montebello.

6. Rentrée des Autrichiens à Casteggio.

INDEX DE LA CARTE.

Nous avons représenté les positions autrichiennes, au moment où a commencé la retraite générale, par la couleur rouge, et les occupations des troupes alliées par la couleur bleue. Les quartiers généraux sont indiqués par le même signe que nous avons employé dans nos précédentes cartes, rouge pour les Autrichiens, bleu pour l'Empereur des Français et jaune pour le roi Victor-Emmanuel.

COURS DU TESSIN.
5
VALTELINE
LOMBARDIE
PIEMONT
PARME
Dé DE
Como
Arona
Borgo Sesia
Biella
Monza
Milan
Novare
Verceil
Vigevano
Lodi
Pavie
Casale
Valence
Alexandrie
Asti
Tortone
Novi
Acqui
Gavi
Bobbio
Tessin R.
Po Fl.
Mortara
Trezzano
Binasco
Bereguardo
Stradella
Voghera

TURBIGO. MAGENTA. MILAN. MARIGNAN.

Nous voici entrés dans une période de faits tellement saisissants, que les meilleurs commentaires seraient aujourd'hui parfaitement oiseux. Mais il est cependant un fait qui domine encore la situation, si grave
qu'elle soit déjà, c'est que dans la terrible lutte engagée
au delà des Alpes, les sympathies de l'Angleterre ne
sont pas plus pour la France ou le Piémont que pour
l'Autriche. Ces paroles ont été prononcées au Parlement par lord Derby. Ce n'est pas à dire sans doute
que l'Angleterre ait plus de sympathies pour l'Autriche,
mais cela signifie évidemment que toutes ses sympathies sont pour l'Italie.

Il est vrai que cela est bien vite dit, et que ce sont les paroles d'un gouvernement qui ne se sent pas assez fort pour prendre une résolution énergique. Aussi la Chambre des communes a-t-elle renversé ce gouvernement par 323 voix contre 310, sur une motion de défiance. Nous devons donc nous attendre à voir un nouveau ministère prendre les rênes du pouvoir et indiquer bientôt le rôle que jouera l'Angleterre dans le conflit, ce qui déterminera la Prusse, de son côté, à prendre résolument parti.

Sans doute la guerre actuelle est, jusqu'ici, une belle campagne pour les armes françaises, mais nous savons ce que cela nous coûte, et c'est une répétition de la campagne de 1796. En effet, Bonaparte, après la bataille de Mondovi, fit répandre le bruit qu'il avait l'intention de passer le Pô à Valence, où ce passage offrait de sérieuses difficultés. Or, tandis que le général de Beaulieu rassemblait ses forces en avant de Valence, Bonaparte tournait la gauche de l'armée autrichienne, passait à gué la Scrivia et la Staffora après une marche forcée de trente-six heures, puis s'établissait à Castello San-Giovani, et traversait le fleuve vis-à-vis de Plaisance.

Si donc Louis-Napoléon n'a rien inventé, il n'a rien oublié non plus. Ne pouvant s'exposer à passer le Pô devant Casale ou Pavie, il a profité du moment où Garibaldi inquiétait les derrières de l'ennemi, pour menacer Stradella et Pavie, et tandis que l'ennemi se massait pour couvrir ces deux points, les Alliés quittant en toute hâte la vallée de la Scrivia, sont allés passer le Tessin sur un autre point.

C'est le 2 juin qu'une division de la garde impériale fut dirigée vers Turbigo où, ne trouvant aucune résistance, elle jeta trois ponts sur le Tessin.

Les ponts établis, le général Mac-Mahon se présenta à Turbigo pour passer le fleuve, et il trouva le village et ses abords occupées de manière à lui assurer la libre possession du pont. Le général fit donc franchir le pont par la tête de colonne de la 1re division; mais au moment où il se portait en avant pour reconnaître le terrain, il aperçut tout à coup à environ cinq cents mètres une colonne autrichienne qui, paraissant venir de Buffalora, marchait sur Robecchetta, avec l'intention évidente d'occuper ce village.

Robecchetta est un village considérable situé à l'est et à 2 kilomètres de Turbigo; il peut être défendu

très-facilement, et les autrichiens en s'y établissant fortement pouvaient très-bien barrer le passage du Tessin
à Turbigo, d'autant plus qu'ils auraient reçu des renforts nombreux de Milan et de Magenta.

La question était donc d'empêcher les Autrichiens
d'arriver à Robecchetta ou de les en chasser, et c'est ce
que comprit immédiatement le général Mac-Mahon. Il
chargea donc le général de la Motterouge de marcher
sur Robecchetta avec la tête de sa colonne, composée
du régiment de tirailleurs algériens, qui serait renforcée
à mesure que les autres corps de la division ayant passé
le pont pourraient se mettre en ligne de bataille.

Ces noirs diables d'Algériens, qui ne connaissent que
le prophète et leurs chefs, ignorent dans quels pays
ils sont transportés et ne savent pas pourquoi ni contre
qui ils se battent, furent donc lancés en avant, divisés
en trois petites colonnes précédées de tirailleurs et
suivies d'une batterie d'artillerie commandée par le
général Auger en personne. Aux premiers coups de
feu, le général de la Motterouge voyant ses colonnes
d'attaque engagées, lâcha sa meute noire sur l'ennemi
qui eut un moment de stupeur à l'aspect de ces dé-
mons noirs et rouges, brandissant au lieu de tirer

leurs crosses de fusils en l'air, poussant des cris féroces tout en invoquant le prophète et rampant comme des panthères pour éviter un coup de feu. La guerre assurément n'avait pas encore assez d'éléments barbares, il fallait faire venir du fond de l'Afrique des pirates enrégimentés, des bandits, des sauvages, pour les jeter au milieu de notre civilisation. Aussi les Autrichiens eurent-ils, comme nous le disons, un moment de stupeur. Mais ce moment passé, ils engagèrent une fusillade si terrible et si bien dirigée, que la moitié du régiment noir mordit la poussière. Mais les survivants, exaltés par la vengeance, bondirent alors avec une bravoure et une impétuosité telles que bientôt les Autrichiens durent cesser leur feu pour accepter le combat corps à corps. Ce moment-là, parait-il, fut terrible. La baïonnette ne suffisait plus aux Algériens qui se servaient de leurs ongles et de leurs dents pour étrangler les Autrichiens. Ils avaient du sang jusqu'aux yeux, on aurait dit qu'ils mangeaient leurs adversaires.

Combien de temps dura cette lutte féroce, cela serait assez difficile à dire, même avec les rapports des généraux sous les yeux. Mais elle dura assez longtemps

pour donner à la batterie commandée par le général
Auger le temps de prendre position pour attaquer les
colonnes autrichiennes par le flanc et pour laisser
au restant du corps d'armée du général Mac-Mahon
le temps d'exécuter son passage sur le pont de Turbigo.

Nos lecteurs se rendront, croyons-nous, facilement compte de cette opération élémentaire qui jusqu'ici a été racontée par toutes les correspondances
avec un luxe d'accessoires et d'images bien fait pour
jeter la confusion dans l'esprit. C'est à deux kilomètres
du pont, avons-nous dit, que se livrait la bataille. Or,
le passage de ce pont s'exécutait en colonne serrée au
pas redoublé, et les troupes avaient devant elles une
route vaste et facile conduisant directement à Robecchetta pour se diriger, au delà de ce village, sur Magenta. Il s'ensuit que, dès les premiers coups de feu, il
y avait sur la route une colonne serrée d'un kilomètre
au moins de profondeur, qui n'a eu qu'à se déployer
rapidement à droite et à gauche pour couvrir entièrement le passage du pont par le restant du corps
d'armée, et pour cerner le village occupé par les Autrichiens de telle façon qu'il ne leur restait qu'à se retirer

sur Magenta ou se faire écraser jusqu'au dernier homme.

Aussi cette bataille mémorable qui ouvrait aux Français les portes de la Lombardie a-t-elle été terrible. Le champ de bataille était couvert de morts et de blessés, et lorsque a commencé la retraite, les Autrichiens, se voyant cernés de toutes parts et hâchés par des feux de bataillon et la mitraille d'au moins cinquante pièces d'artillerie qui les prenaient de flanc et d'écharpe, les Autrichiens, disons-nous, se débandèrent abandonnant à l'ennemi des armes, des effets de campement, des sacs, et même des prisonniers, mais très-peu dit le général Mac-Mahon dans son rapport, ce qui s'explique par la nature du terrain sur lequel l'engagement a eu lieu.

Qu'on ne nous demande pas le nombre des tués et des blessés de part et d'autre, personne ne le connaît. Le fait est que les Français se battirent avec leur intrépidité habituelle et que les Autrichiens se montrèrent aussi braves qu'à Montebello. Qu'on juge, après cela, de l'effroyable boucherie qui a dû résulter de l'engagement de deux corps d'armée se battant presque corps à corps pendant plusieurs heures, puis de la poursuite de l'un par l'autre sur une étendue de deux kilomètres au pas de course !

Le lendemain, tandis que le général Mac-Mahon reformait son corps d'armée en attendant des ordres de l'état-major général, l'armée sarde passait aussi le Tessin sur un second pont, et la garde impériale commandée par le général Espinasse s'avançait de son côté sur la route de Novare à Milan jusqu'à Trecate d'où elle menaçait la tête de pont de Buffalora. C'est avec cette division que marchait l'empereur, entouré de son état-major.

Les Autrichiens, qui occupaient encore la tête de pont qu'ils avaient construite sur la rive droite du Tessin en avant de Buffalora, se replièrent naturellement sur la rive gauche en faisant sauter le pont de pierre qui traverse le fleuve. Malheureusement, l'effet de ses fourneaux de mine fut manqué et les deux arches qui auraient dû sauter d'après les combinaisons du génie autrichien, ne furent qu'ébranlées et s'affaissèrent sans s'écrouler.

C'était comme un miracle, le passage n'était même pas interrompu.

Ordre fut donné aussitôt au corps d'armée du général Mac-Mahon renforcé de la division des voltigeurs de la garde impériale et suivi de toute l'armée du roi de Sardaigne de se porter de Turbigo sur Buffalora et Magenta, tandis que la division des grenadiers de la garde s'emparerait de la tête de pont de Buffalora sur la rive gauche, et que le corps d'armée du maréchal Canrobert s'avancerait sur la rive droite pour passer le Tessin au même point.

C'est alors que, les ordres ayant été donnés, la division Espinasse s'aventura en Lombardie, pour prendre le chemin de Milan.

Mais, soit que les ordres de l'état-major général furent mal compris ou ne purent s'exécuter aussi promptement que l'avait prévu le maréchal Vaillant, soit que de faux rapports eussent annoncé trop prématurément l'arrivée du général Mac-Mahon, la fusillade s'engagea contre les Autrichiens qui occupaient les hauteurs qui bordent le Naviglio (grand canal), et les troupes françaises avec leur ardeur habituelle emportèrent les positions de l'ennemi et dépassèrent le village au point où devait avoir lieu la jonction avec les autres corps.

C'est là qu'eût lieu le fait d'armes le plus considérable qui se soit accompli en Italie depuis le commencement

6.

de la guerre, et ce qui explique pourquoi nous sommes restés près de deux jours sans recevoir de nouvelles, c'est que la garde impériale a failli être écrasée et l'empereur Napoléon fait prisonnier. Mac-Mahon n'arrivait pas, Canrobert exécutait depuis Novare une marche si difficile et il se doutait si peu de ce qui se passait au-delà de Buffalora que personne n'osait compter sur les secours qu'il amenait.

Le général Giulay avait donné ordre au lieutenant feld-maréchal comte Clam-Gallas de tenir la position de Magenta, en attendant la division Reischach du 7e corps qui venait de Corbetta à marches forcées, la division Lillia de Castelleta, le 3e corps d'armée d'Abbiate-Grasso, le 8e corps de Binasco et le 9e corps destiné à servir de réserve qui se trouvait en avant de Pavie et à qui l'ordre fut envoyé de marcher aussi sur Magenta.

Tous ces corps et brigades s'avançant de toutes les directions, commencèrent d'abord par couper toute retraite à la garde impériale, tandis que la division Reischach reprenait le pont de Magenta, et que le commandant en chef se portait à Robecco pour faire avancer le 3e corps d'armée sur le flanc droit de l'ennemi. En ce moment la garde impériale se vit assaillie de toutes parts, mais, on doit le dire pour rester impartial, elle résista avec un courage et un héroïsme au-dessus de tout éloge. Ne sentait-elle pas d'ailleurs que la fortune de la France lui était confiée et que la manœuvre concentrique des autrichiens ne pouvait avoir d'autre but, pour finir la guerre, que de faire l'Empereur prisonnier? A partir de ce moment là, on ne compte plus les morts. Le tonnerre des canons et les éclairs de la fusillade éclatent sur toutes les lignes, les brigades françaises se replient en désordre, la cavalerie devient impuissante; bientôt des torrents de fumée couvrent le champ de bataille de telle manière que plus personne ne sait où il est et que chacun songe à mourir, mais le plus glorieusement possible. Du reste il n'y avait plus que cela à faire, car toute fuite, si même on avait pu y penser dans les rangs français, était impossible.

On dit que l'Empereur Napoléon, qui pour la première fois se trouvait engagé à l'improviste dans une affaire sérieuse, montra au milieu de sa garde un sang-froid et un courage extraordinaires. Il vit tomber ses généraux sans sourciller, et les monceaux de cadavres s'amonceler autour de lui sans frémir. — Peut-être, ce qui serait assez naturel dans une pareille circonstance, y avait-il dans son impassibilité un peu d'ahurissement.

Il y avait quatre heures que durait cette boucherie, lorsqu'enfin la brigade Picard, le maréchal Canrobert en tête arriva sur le lieu du combat, en même temps qu'apparaissait la division Vinoy du corps Niel, puis enfin les divisions Renault et Trochu du corps Canrobert. D'un autre côté se faisait entendre dans le lointain le canon du général Mac-Mahon qui avait été retardé dans sa marche en s'avançant en deux colonnes sur Magenta et Buffalora.

Un cri de triomphe s'éleva alors du fond des masses françaises, et l'ennemi se jeta avec impétuosité au devant des renforts en vue de les couper et d'empêcher toute jonction.

Dès ce moment il devient impossible de rendre compte des combats qui s'engagèrent sur tous les points à la fois, avec la même ardeur, avec le même courage. Toutes les positions furent prises et reprises quatre, cinq et six fois, et, à la nuit tombante, Magenta restait au pouvoir du général Mac-Mahon, qui s'empara définitivement de ce village, clef de la position, rue par rue, maison par maison, à travers des monceaux de cada-

vres, au milieu du feu, à travers une grêle de boulets
et de balles...

On comprend, dès lors, que le général Mac-Mahon
ait été nommé maréchal de France sur le champ de
bataille et créé duc de Magenta, car l'empereur lui doit
probablement la vie et la France la plus grande de ses
victoires.

Il est assez curieux de rappeler ici que le même jour
où se couvrait de gloire le général Mac-Mahon, le seul
sénateur français qui ait eu le courage de combattre la
loi de sûreté générale et de voter contre son adoption,
le général Espinasse qui avait présenté et soutenu cette
loi a rencontré la mort sur le même champ de bataille.
— Il est juste d'ajouter que le général Espinasse est
mort bravement à la tête de sa division, et qu'il a assez
payé la plus grande faute de sa vie pour qu'on l'oublie
avec lui.

Le lendemain matin, le régiment d'infanterie grand-
duc de Hesse attaqua encore une fois le pont de Magenta
pour faciliter le mouvement de retraite des Autrichiens,
mais c'était un dernier effort impuissant, car le malheureux régiment perdit le tiers de ses officiers et soldats
tués et blessés ou faits prisonniers. Néanmoins il par-

vint par cette manœuvre suprême à contenir l'ennemi dans Magenta et à protéger ainsi la retraite de l'armée autrichienne sur Pavie et sur Lodi.

On exagère sans doute le nombre des morts et des blessés des deux côtés ; mais à en juger par la chaleur de l'action et le nombre des chefs hors de combat, on peut hardiment avancer que dix mille Autrichiens et autant de Français sont restés sur le champ de bataille : autant de noms à insérer au martirologe de l'humanité !

De Magenta à Milan il n'y avait plus qu'un pas, car cette dernière ville ne peut être défendue. Elle est bien entourée de murs dans toute sa circonférence, mais ces murs n'ont aucune importance comme fortification, et Milan, située au milieu d'une vaste plaine fertile et riante, est considérée comme une ville ouverte. Aussi les Milanais, apprenant le résultat de la bataille, se hâtèrent-ils de s'insurger, et pendant que les Autrichiens évacuaient précipitamment la ville, laissant derrière eux des armes, des munitions, des vivres, des magasins de toute espèce, la municipalité se présentait au quartier général des Alliés, où elle remettait au roi, en présence de l'Empereur Napoléon, l'adresse que voici :

« Sire,

» La municipalité de Milan est fière d'user aujourd'hui d'un de ses plus précieux priviléges en se rendant l'interprête des vœux de ses concitoyens dans les graves circonstances où nous sommes. Elle veut renouveler vis-à-vis de vous le pacte de 1848 et proclamer de nouveau, à la face de la nation, ce grand fait que onze années écoulées ont mûri dans les intelligences et dans les cœurs :

» L'annexion de la Lombardie au Piémont, qui a été proclamée ce matin au moment où l'artillerie ennemie pouvait encore foudroyer la ville et tandis que ses bataillons défilaient sur nos places ;

» L'annexion est le premier pas fait dans la voie d'un nouveau droit public qui laisse les peuples arbitres de leurs destinées.

» L'héroïque armée sarde et celle de son auguste allié, qui veut l'Italie libre jusqu'à l'Adriatique, achèveront bientôt leur magnanime entreprise.

» Daignez, Sire, agréer l'hommage que Milan vous adresse par notre organe. Croyez que tous nos cœurs sont à vous ; notre cri est : Vive le roi ! vive le *statut* de l'Italie ! »

Cette adresse, datée de Milan le 5, est signée par sept conseillers municipaux.

Il paraît que l'Empereur et son allié ont été reçus à Milan avec beaucoup d'enthousiasme, mais surtout les soldats français qu'on s'arrachait dans les rues pour les loger, les nourrir, les soigner. Ils n'avaient jamais été à pareille fête.

Napoléon III a refusé de loger au palais du roi pour habiter la villa Bonaparte qui est située à l'extrémité de la ville et a servi autrefois de résidence à Napoléon Ier. La proclamation de l'Empereur au peuple italien, qui est trop importante pour ne pas prendre place dans ce bulletin, a excité aussi un grand enthousiasme et des manifestations populaires dont Napoléon III a été le héros.

PROCLAMATION DE L'EMPEREUR

AU PEUPLE ITALIEN.

Italiens !

La fortune de la guerre nous conduisant aujourd'hui dans la capitale de la Lombardie, je viens vous dire pourquoi j'y suis.

Lorsque l'Autriche attaqua injustement le Piémont je résolus de soutenir mon allié le roi de Sardaigne : l'honneur et les intérêts de la France m'en faisaient un devoir. Vos ennemis, qui sont les miens, ont tenté de diminuer la sympathie universelle qu'il y avait en Europe pour votre cause, en faisant croire que je ne faisais la guerre que par ambition personnelle, ou pour agrandir le territoire de la France.

S'il y a des hommes qui ne comprennent pas leur époque, je ne suis pas du nombre. Dans l'état éclairé de l'opinion publique, on est plus grand aujourd'hui par l'influence morale qu'on exerce que par des conquêtes stériles, et cette influence morale, je la recherche avec orgueil, en contribuant à rendre libre une des plus belles parties de l'Europe. Votre accueil m'a déjà prouvé que vous m'avez compris.

Je ne viens pas ici avec un système préconçu pour déposséder les souverains ni pour vous imposer ma volonté ; mon armée ne s'occupera que de deux choses : combattre vos ennemis et maintenir l'ordre intérieur ; elle ne mettra aucun obstacle à la libre manifestation de vos vœux légitimes. La Providence favorise quelquefois les peuples comme les individus en leur donnant l'occasion de grandir tout-à-coup ; mais c'est à la condition qu'ils sachent en profiter.

Profitez donc de la fortune qui s'offre à vous. Votre désir d'indépendance, si longtemps exprimé, si souvent déçu, se réalisera si vous vous en montrez dignes. Unissez-vous donc dans un seul but : l'affranchissement de votre pays. Organisez-vous militairement. Volez sous les drapeaux du roi Victor-Emmanuel qui vous a déjà si noblement montré la voie de l'honneur. Souvenez-vous que, sans discipline, il n'y a pas d'armée, et animés du feu sacré de la patrie, ne soyez aujourd'hui que soldats ; demain, vous serez citoyens libres d'un grand pays.

Fait au quartier impérial de Milan, 8 juin 1859.

Il est donc bien entendu, jusqu'à preuve du contraire, que Napoléon III comprend son époque et qu'il
ne va pas en Italie pour déposséder les souverains. En
attendant, il se fait un tel tremblement de trônes au
souffle révolutionnaire qui parcourt l'Italie, que tous
chancellent et que tous les souverains s'en vont : cette
semaine, ça été le tour de la duchesse de Parme.

Au document que nous venons de citer, nous en
ajouterons un autre émané de la même source, c'est
l'ordre du jour adressé par l'Empereur Napoléon III à
l'armée d'Italie, à la suite de l'importante affaire de Magenta.

« Soldats,

» Il y a un mois, confiant dans les efforts de la di-
» plomatie, j'espérais encore la paix, lorsque tout à
» coup l'invasion du Piémont par les troupes autri-
» chiennes nous appela aux armes. Nous n'étions pas
» prêts : les hommes, les chevaux, le matériel, les
» approvisionnements manquaient, et nous devions
» pour secourir nos alliés, déboucher à la hâte par

» petites fractions au delà des Alpes, devant un ennemi
» redoutable préparé de longue main.

» Le danger était grand; l'énergie de la nation et
» votre courage ont suppléé à tout. La France a
» retrouvé ses anciennes vertus, et unie dans un même
» but comme en un seul sentiment elle a montré la
» puissance de ses ressources et la force de son patrio-
» tisme. Voici dix jours que les opérations ont com-
» mencé, et déjà le territoire piémontais est débarrassé
» de ses envahisseurs.

» L'armée alliée a livré quatre combats heureux et
» remporté une victoire décisive qui ont ouvert les
» portes de la capitale de la Lombardie; vous avez mis
» hors de combat plus de 55,000 Autrichiens, pris
» 17 canons, 2 drapeaux, 8,000 prisonniers. Mais tout
» n'est pas terminé; nous aurons encore des luttes à
» soutenir, des obstacles à vaincre.

» Je compte sur vous. Courage donc, braves soldats
» de l'armée d'Italie! Du haut du ciel vos pères vous
» contemplent avec orgueil.

» Fait au quartier-général de Milan, le 8 juin.

» NAPOLÉON. »

Les dernières nouvelles de la semaine ne sont pas favorables. Les Autrichiens, qui s'étaient retranchés dans les vieilles fortifications de Marignan pour protéger leur retraite sur l'Adda, en ont été repoussés après un nouveau combat meurtrier livré par la division du maréchal Baraguay-d'Hilliers. Là encore il y a eu, de chaque côté, au moins mille hommes hors de combat et de nombreux prisonniers. Encore une fois, ce qui prouve que les Français ont affaire à de rudes adversaires, c'est à la baïonnette que le combat s'est terminé.

L'affaire a commencé vers midi : les Autrichiens s'étaient retranchés dans le village même, partie dans le cimetière partie dans les habitations environnantes.

L'attaque a été engagée par les généraux Bazaine et Ladmirault qui sont tombés, le premier sur le village, et le second, qui commandait l'aile gauche, sur le château. Le combat, livré dans un espace restreint a été des plus meurtriers, ce qui n'étonnera personne quand on saura qu'il a duré neuf heures. Le général Forey, le même qui commandait à Montebello était à la tête de l'aile droite des français, mais sa division n'a été que fort peu engagée.

Il ne restait plus dès ce moment aux Autrichiens qu'à se retrancher sur une excellente ligne stratégique indiquée par le cours de l'Adda depuis le lac de Côme jusqu'à Crémone. Mais l'insurrection de la Valteline rend cette ligne de défense impuissante. Il suffit de jeter les yeux sur notre carte pour comprendre l'abandon de Pavie et de Lodi par les Autrichiens qui, menacés par la révolution installée à Bergame sous le commandement de Garibaldi, auraient pu être attaqués de front et par le flanc sur l'Adda.

Dans cette alternative, il ne leur restait plus qu'à se retirer sur la ligne du Mincio, avant-garde de l'Adige qui est considérée par les hommes de l'art comme une des lignes stratégiques les plus formidables que l'on connaisse (1).

(1) Voir la carte publiée dans notre n° 3 du 24 mai dernier.

INDEX DE LA CARTE.

—

Nous avons indiqué dans notre carte les positions autrichiennes actuelles par des lignes rouges, celles des Alliés par des lignes bleues, et celles de l'armée de Garibaldi par des lignes vertes.

Le quartier général de l'armée autrichienne se trouve indiqué en avant de Crémone. Celui de l'Empereur Napoléon III devant Milan, et celui de Garibaldi à Bergame. L'arrière garde de ce dernier est à Sondrio, capitale de la Valteline, qui est restée la base d'opérations du patriote italien.

Il sera bon de consulter également la carte publiée dans notre n° 3 du 24 mai, qui donne sur une plus

grande échelle toute la Lombardie, depuis Milan jusqu'à Vérone, où se trouve encore aujourd'hui le quartier général de l'Empereur François-Joseph.

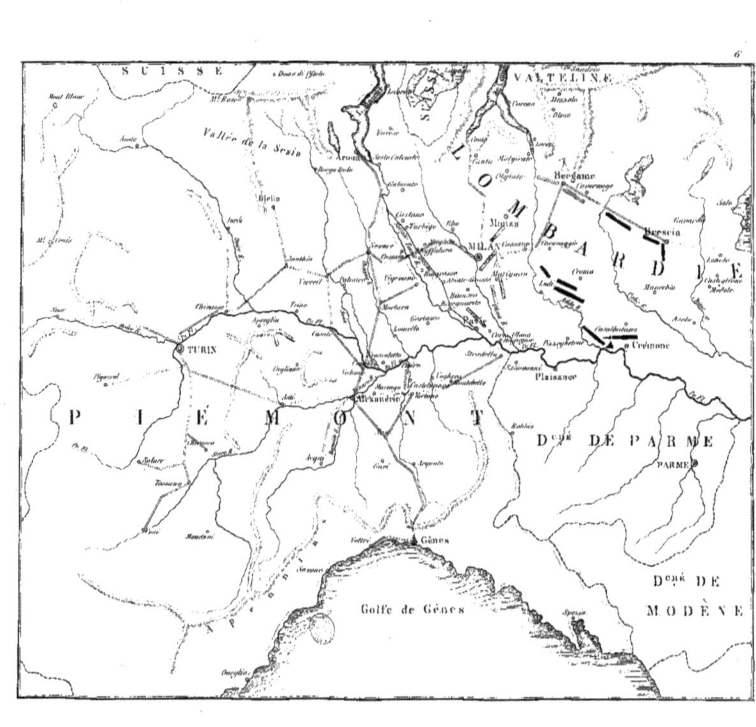

SUISSE
VALTELINE
LOMBARDIE
PIÉMONT
Dché DE PARME
Dché DE MODÈNE
Vallée de la Sesia
Mont Blanc
Mt Cénis
Aoste
Ivrée
Biella
TURIN
Chivasso
Trino
Casale
Asti
Alexandrie
Marengo
Tortone
Novare
Verceil
Vigevano
Mortara
Lomello
Pavie
Galarate
Turbigo
Rho
Monza
MILAN
Abbiategrasso
Bergame
Caravage
Brescia
Crema
Lodi
Pizzighetone
Castelbuono
Crémone
Plaisance
PARME
Golfe de Gênes
Gênes
Oneglia

LA SITUATION.

Enfin le jour se fait sur les projets de la politique bonapartiste en Italie, et l'on commence à reconnaître que la grossièreté même du piége que l'on tendait à la bonne foi publique avait seule pu faire croire qu'elle pourrait avoir trait à la liberté de l'Italie depuis les Alpes jusqu'à l'Adriatique. En effet, se dit-on aujourd'hui, comment eût-on pu admettre que, sous ces airs de générosité et de grandeur, la France avait tout bonnement en vue de substituer à celles de l'Autriche son influence et sa domination au delà des Alpes ?

Il y a un mot du pape qui indique trop bien la situation pour ne pas être rapporté ici. On remarquera, de plus, qu'il résume exactement la thèse que nous soutenons depuis le jour où nous avons entrepris de faire l'histoire de la guerre d'Italie.

Récemment, l'Empereur Napoléon ayant appris par les rapports de ses agents à Rome, que le Pape se montrait très-inquiet de l'issue de la lutte, envoya le duc de Gramont à Sa Sainteté, pour la rassurer et lui dire, ce que l'on voudra croire à peine, qu'il s'agissait avant tout, pour les armées françaises, de protéger et de consolider l'autorité du Saint-Siége.

« Je crois à la bonne volonté de l'Empereur, répondit le pape d'un ton mélancolique, mais je ne puis m'expliquer comment Sa Majesté pourra faire à la fois les affaires du Saint-Siége et celles de M. Garibaldi.

Aussi, voyez ce qui est arrivé depuis : la légation de Bologne, qui est annexée depuis plus de trois cents ans au Saint-Siége et dont la neutralité était reconnue, légation qui compte plus de 310,000 habitants et forme une des quatorze divisions de l'État ecclésiastique, la légation de Bologne, disons-nous, a proclamé la dictature du roi Victor-Emmanuel, à la suite de la retraite des Autrichiens, qui occupaient cette ville au même titre que les Français occupent Rome depuis 1848, c'est-à-dire pour y maintenir l'ordre et dominer l'esprit révolutionnaire.

Ce fait significatif a paru si grave à l'Empereur Napoléon lui-même, qu'ordre a été donné à Paris de supprimer toutes les dépêches annonçant que le roi Victor-Emmanuel avait accepté la délégation des pouvoirs à lui offerte par les sujets du pape. Mais on a eu beau faire, on ne pouvait pas empêcher les journaux piémontais d'enregistrer officiellement la nomination de MM. d'Azeglio et Farini comme commissaires du roi à Bologne. Le Pape a protesté, et cela se conçoit, il a eu mille fois raison. Il s'agissait de savoir si, se trouvant dans la même position que la duchesse régente de Parme, la voix de Pie IX n'aurait pas plus d'influence auprès des puissances protectrices de la nationalité des peuples.

Napoléon, effrayé de voir ses prévisions se réaliser avant l'heure, obtint la renonciation provisoire suivante du roi Victor-Emmanuel, qui aurait mauvaise grâce à refuser désormais quoique ce soit à l'Empire, après lui avoir fait une litière de toutes les libertés dont jouissait le Piémont depuis dix ans :

« Veuillez bien faire comprendre aux patriotes de Bologne, a dit le roi aux commissaires de cette ville, que, dans les circonstances actuelles, toutes démarches, toutes résolutions inconsidérées seraient de nature à compromettre la cause de l'indépendance. Il ne faut pas que l'Europe puisse m'accuser de n'agir que par ambition personnelle, et de substituer l'absorbtion piémontaise à l'oppression autrichienne. Le Saint-Père, le chef vénéré des fidèles, est resté à la tête de son peuple ; il ne s'est pas, comme les souverains de Parme, de Modène, de Toscane, démis de son autorité temporelle, que nous devons non-seulement respecter, mais consolider ; je désapprouverai donc tout acte subversif contraire à l'équité et nuisible à la noble cause que nous servons. N'oublions pas non plus que Pie IX est un prince italien. »

Cela veut dire que pour le moment il ne s'agit que de chasser les Autrichiens du Lombard-Vénitien ; mais il ne nous parait pas moins de plus en plus vraisemblable que Sa Sainteté, réduite à réclamer bientôt la protection de la France dans l'intérêt de sa sûreté personnelle, soit envoyée à Paris par le général de Goyon, ou placée provisoirement au château Saint-Ange, sous la garde des troupes françaises.

Certains ont cru que, parce qu'il voulait garder la neutralité, Pie IX resterait sur son trône. Mais la duchesse de Parme aussi n'avait-elle pas nettement marqué et fermement maintenu sa volonté dans le même sens ? Ce n'était pas assez que son père, le duc de Berry, et son mari, fussent tombés sous le poignard révolutionnaire, il fallait encore que la révolution organisée par Napoléon la chassât de ses États. Et cependant nous ne sachons pas que tant de sujets de plaintes aient été donnés par la régente à son peuple. Nous avons vu, au contraire, que, chassée une première fois par les agents piémontais, elle était rentrée à Parme au milieu des acclamations enthousiastes de ses sujets et portée en triomphe.

Les extraits suivants d'une lettre adressée à ses enfants par cette femme si éprouvée, par cette mère si tendre, prouveront à nos lecteurs que toutes ces révolutions qui éclatent dans les petits états de l'Italie sont les résultats de manœuvres auxquelles les peuples sont étrangers.

« Mes chers bien aimés, écrivait la duchesse, j[e]
croyais que le jour le plus beau de ma vie était celui o[ù]
après votre heureuse naissance, je vous avais donné l[e]
premier baiser. Eh bien ! je me trompais, il en est un plu[s]
beau encore, c'est celui où, portée en triomphe sur les bra[s]
de ces soldats fidèles, je suis entrée à Parme, au milie[u]
des acclamations enthousiastes de mes fidèles sujets.

Puis après avoir peint la joie de ses soldats, leurs trans[-]
ports, le bonheur de toute cette population et son propr[e]
bonheur d'être ainsi aimée, elle ajoute :

« Je commandais, et à tout ce que je commandais c[es]
braves gens obéissaient en un clin-d'œil, ce qui éta[it]
d'autant plus méritoire, *que, depuis huit jours, i[ls]
n'obéissaient plus à personne.* »

Enfin, après avoir raconté ces scènes d'allégress[e]
la princesse ajoute :

« Je ne sais pas vraiment si je serai plus heureuse e[n]
paradis, — que Dieu veuille m'y conduire, — mais d[u]
moins un de mes bonheurs en paradis sera de me rap[-]
peler éternellement ces joies si pures, ces vives émotion[s]
qui ne s'effaceront jamais de ma mémoire ; car ce n'es[t]

pas en vain que je les appelais mes enfants et que ce bon peuple m'appelait sa mère. »

Après cela, comment se fait-il que la duchesse de Parme ait été obligée de quitter une seconde fois ses états? Est-ce à la suite d'une démonstration populaire? Mais c'est une démonstration populaire qui l'y avait ramenée. C'est donc à la suite des progrès de la guerre, parce que la régente voulait fermement n'être ni Piémontaise ni Autrichienne, parce qu'elle voulait conserver sa neutralité et qu'avec ce système le prince Napoléon n'aurait pu se rendre assez promptement sur le Pô sans violer le territoire de Parme.

A propos du prince Napoléon, on ne sait pas précisément où il est à cette heure, car on renvoie d'Italie les correspondants de la presse et l'état-major général dissimule autant que possible les mouvements des armées. Mais le fait est qu'il s'avance à travers les duchés de Parme et de Modène de manière à se trouver sur le Pô en même temps que la flotte française arrivera devant Venise et que les corps d'armée de la Lombardie menaceront la ligne du Mincio et ses retranchements.

C'est donc l'attaque du quadrilatère formé par Peschiera, Mantoue, Legnano et Vérone qui se prépare, et nous aurons à indiquer la marche et les dispositions des armées alliées pour renverser ce Sébastopol autrichien. Mais avant tout nous devons dire ce que c'est que ce fameux quadrilatère dont on a tant parlé dans ces derniers temps, afin qu'il soit possible de se rendre compte des opérations.

Le Mincio, qui prend sa source dans le Tyrol et sort du lac Garda comme un torrent, à Peschiera, pour aller se jeter dans le Pô, près de Governolo, après avoir baigné les murs de Mantoue, le Mincio forme une des faces du quadrilatère. Ses rives sont couvertes de marais et de lacs bourbeux qui ont jusqu'à 6,000 pieds de largeur; sa largeur moyenne est de 250 pieds, mais en temps de crue de 500. Or, le génie autrichien est en quelque sorte le directeur de ces crues, car à Peschiera, place forte située comme nous l'avons dit à la pointe du lac, et nous ajouterons au milieu d'une petite île, à Peschiera existe un système d'écluses à l'aide desquelles on peut précipiter le torrent avec une violence telle, qu'à un moment donné il entraînerait tous les ponts de bateaux, si solides qu'ils soient, qu'on aurait établis soit

entre Peschiera et Mantoue, soit en aval de cette dernière ville où seulement le Mincio devient navigable.

Il ne faut point toute fois se faire illusion sur la
valeur de cette ligne défensive considérée à ce premier
point de vue, car Peschiera qui est la clef du torrent
n'est pas une forteresse de premier ordre. La preuve
c'est qu'elle a été prise en 1848 par Charles-Albert.
Mais on en a fait depuis le poste avancé de Vérone,
destiné en même temps à défendre le défilé de l'Adige
et le passage du Mincio, et l'on a depuis renforcé en
conséquence ses moyens de défense. Il y a en outre à
Peschiera une petite flottille autrichienne destinée à
protéger le lac et à servir de batterie flottante pour
défendre la place.

Nous sommes donc autorisé à établir que, à moins
de prendre d'abord Peschiera, toute la partie du Mincio
située en amont de Mantoue restera inaccessible aux
alliés.

Quant à Mantoue elle-même, cette place est considérée comme inexpugnable par le génie autrichien, qui
depuis 1848 a mis toute sa science à ne pas lui laisser
un point vulnérable. Non-seulement elle est entourée
d'une fortification puissante, mais elle est située au

milieu d'un lac artificiel formé par le Mincio qui a un mille et demi de long sur un quart de mille de largeur. Le lac est coupé en quatre parties par des chaussées ou digues qui le relient à la terre ferme. Au nord, jusqu'au pied de la citadelle, il est couvert de joncs et de roseaux ; à l'ouest et au sud sont des marais profonds que l'on peut facilement submerger. C'est cette partie du lac qui porte le nom de Pajolo, mais à vrai dire ce n'est plus un lac, ce sont des marais qui exalent en cette saison des miasmes pestilentiels très-pernicieux. — La forteresse a deux issues seulement par où l'on puisse y pénétrer et elles sont défendues par des ouvrages avancés très-considérables.

Un canal de nagivation traverse la ville dans toute sa largeur et reçcit les barques venant du Pô et entrant dans la darse par la Porta Catena. La ville proprement dite, contient, dans environ **2,700** maisons, une population de **25,000** habitants civils; les rues sont droites et assez larges.

Cinq portes conduisent dans la ville : ce sont les portes de Pradella (route de Crémone), de Molina (à la citadelle), de San Giorgio (au fort de ce nom à l'est), de Cerèse et de Portello. Ces deux dernières portes donnent accès à un camp retranché qui est établi au midi de la ville, et dont tout le pourtour a ainsi une étendue de neuf lieues. Quatre forts détachés entourent le corps de la place; se sont : au nord, la citadelle avec sa belle porte dont le dessin a été donné par Giulio Romano. Elle forme un pentagone régulier dont la gorge fermée par un simple mur est appuyée sur le lac supérieur, large de plus de 70 à 80 toises; le fort ou la lunette de Saint-Georges se trouve également sur la rive gauche du Pô à l'est; ces deux forts sont réunis au corps de la place par les chaussées ou digues fort étroites et longues dont nous avons parlé plus haut; le fort de Pietole, à l'extrémité sud-est du camp retranché, et enfin le fort de Pradella défendant la route de Crémone.

Nous avons ensuite la ville de Legnano, située sur l'Adige à sept milles de Vérone et presque autant de Mantoue. Elle est de la force de Peschiera, mais elle a surtout l'avantage d'être couverte par une tête de pont sur chacune des deux rives du fleuve, ce qui permet à la garnison d'opérer indistinctement et avec une égale facilité sur l'une ou l'autre de ces rives.

Lors des premières guerres de l'Empire, Vérone, qui

est la dernière et la plus reculée des quatre places du quadrilatère, n'avait qu'une importance secondaire, mais elle est aujourd'hui la plus puissante de toutes les forteresses d'Italie.

Mantoue et Peschiera offrent, comme nous l'avons vu, des points d'appui excellents pour la défense du Mincio; Vérone offre à l'une et à l'autre de ces deux places un centre d'opération admirable; en outre, il bloque complétement la vallée de l'Adige. Mantoue et Peschiera seules n'empêcheront pas que l'on franchisse le Pô qui est tout proche, mais elles ont une force telle que l'armée la plus complétement démoralisée pourra s'y maintenir longtemps, en présence d'une autre beaucoup plus nombreuse. Enfin Vérone forme le centre de défense. On peut laisser l'ennemi bloquer et assiéger Mantoue; si on utilise Vérone dans ce but, il faut que l'ennemi attaque Peschiera avec toutes ses forces. Ce sont là des chances innombrables en faveur de la défense; il n'y en a pas une seule favorable à l'attaque. Du reste, la possession de Peschiera ne permettrait même pas à l'ennemi de tourner la position de Vérone.

L'armée autrichienne, en tenant entre Vérone, Peschiera, Legnano et Mantoue, forcera l'assaillant à faire des sièges difficiles et longs. Et pour qu'ils puissent aboutir, il faudra un concours de circonstances que l'on ne peut guères prévoir. En tous cas, ces villes ne pourront être prises qu'avec des pertes excessivement considérables. Du reste, en la possession de l'ennemi, ces points n'auraient pas pour lui l'importance qu'ils ont pour la défense.

« Tant que ces positions seront au pouvoir de l'Autriche, dit un écrivain militaire distingué, personne ne pourra se vanter d'être maître du pays entre l'Adriatique, le Pô et le Tessin ; toutes les conquêtes de l'ennemi seront précaires et semblables à une lettre de change à laquelle manquerait la signature. »

Quoi qu'il en soit de la valeur défensive de ce fameux quadrilatère qui est la place de refuge de l'Autriche en Italie, Napoléon III n'a pas moins pris l'engagement d'en faire le siége en proclamant que l'Italie serait libre du pied des Alpes à l'Adriatique. C'est cette menace qu'il est en train d'exécuter, et nous allons dire quelles sont les dispositions arrêtées en conséquence. Il est toutefois un point que nous ne pouvons passer sous silence, c'est la magnifique retraite exécutée par l'armée autrichienne depuis la ligne de l'Adda où elle aurait pu se maintenir quelque temps si elle n'avait été menacée en même temps par Garibaldi occupant presque simultanément Bergame et Brescia et par les alliés attaquant la ligne de front, mais qu'elle ne pouvait défendre à moins de se faire écraser par le flanc sans aucun profit.

Comment il se fait que l'armée française, profitant de ses avantages et poursuivant son élan, n'ait point assailli les derrières de l'ennemi par des charges formidables et des tirailleries sans fin, c'est ce que nous ne pouvons nous expliquer autrement que par la valeur des troupes du général Urban qui a dû constamment tenir les alliés en échec, tandis que tout le reste de l'armée autrichienne se repliait avec tous ses bagages à travers l'Oglio, la Chiese et plusieurs autres cours d'eau qui descendent des Alpes pour aller parallèlement se jeter dans le Pô.

Nous ne comprenons pas non plus comment Garibaldi, laissant derrière lui la Valteline en pleine révolution et occupant Brescia, ne s'est pas jeté avec ses partisans à travers tous les passages des Alpes pour engager une guerre insoutenable pour les Autrichiens au cas où les alliés eussent secondé efficacement son mouvement.

A l'heure où nous écrivons ces lignes rapides pour enregistrer au bout de la semaine les événements accomplis et esquisser familièrement leurs conséquences, on ne sait plus guère où en sont les deux armées en présence, sinon que l'Empereur Napoléon et le roi Victor-Emmanuel viennent d'entrer à Brescia, tandis que les Autrichiens continuent leur retraite sans rencontrer d'obstacles et que les armées alliées, de leur côté, poursuivent leur mouvement offensif sur le Mincio.

Les renseignements qui nous sont parvenus indiquent que le roi Victor-Emmanuel s'est chargé d'emporter Peschiera, tandis que l'Empereur Napoléon marchera sur Mantoue et que son impérial cousin, traversant le Pô si on le laisse faire, essayera de tourner ce nouvel objectif de la ligne autrichienne en attaquant la face du quadrilatère qui relie Legnano. Pendant ce temps, l'escadre de l'amiral Bouët-Willaumez attaquerait Venise et détacherait pour remonter le Pô deux espèces de chaloupes canonnières : celles qui sont pourvues d'une batterie complète et celles de dimensions plus petites destinées à naviguer sur les rivières et sur le lac. Ce détachement de chaloupes, que protégerait le prince Napoléon avant de traverser le Pô pour marcher dans la direction de Legnano, aurait pour mission de remonter la partie navigable du Mincio et de commencer l'attaque de la forteresse de Mantoue à l'assaut de laquelle marcherait l'Empereur.

Toutes ces dispositions sont très-inquiétantes à première vue; mais tous les abords du Pô sont défendus par des marais qui ont plusieurs milles d'étendue, et l'on se demande en quel endroit des côtes de l'Adriatique l'amiral Bouët-Willaumez débarquera les 40,000 hommes que le *Mogador*, le *Saint-Louis*, le *Turenne*, le *Louis XIV*, la *Foudre* et la *Souveraine* emportent vers les rivages du Lido pour commencer le bombardement de Venise.

Il reste à savoir aussi si l'Angleterre et la Russie, qui paraissent être d'accord pour empêcher autant que possible la guerre de prendre trop d'extension, resteront impassibles devant le bombardement de Venise qui pourrait être suivi de celui de Trieste, où l'Angle-

terre ne peut manquer d'envoyer une flotte pour protéger ses nationaux, tandis que la Prusse comprendrait
enfin que l'intégrité de la Confédération germanique
est aussi bien menacée que toutes les nationalités italiennes.

A propos de la Prusse, il n'est pas sans intérêt de
signaler la nouvelle attitude qu'elle vient de prendre en
ordonnant la mobilisation de six corps d'armée.

« Ces mesures, en ce moment, ne sauraient sur-
» prendre, dit la *Gazette nationale* prussienne ; elles
» ouvrent une phase ultérieure dans la réalisation du
» programme annoncé par le gouvernement et salué
» par l'adhésion des Chambres et les applaudissements
» du pays. A ce sujet, nous rappellerons seulement
» pour aujourd'hui qu'à la Chambre des Représentants,
» la *médiation armée* fut signalée comme le programme
» du gouvernement dans le conflit européen actuel. Le
» député Burgers, de Cologne, en sa qualité de rap-
» porteur de la commission nommée pour les propo-
» sitions financières du gouvernement qui ont amené
» le grand débat du 12 mai, résuma la discussion en
» ces termes : Il faut distinguer entre la neutralité

» armée et la médiation armée. Dans cette dernière,
» l'État fixe son attention sur les puissances enga-
» gées dans la lutte, veille à ne pas laisser troubler
» l'équilibre européen ni léser les intérêts nationaux
» et se tient prêt, au besoin, si les conditions qu'il
» propose ne sont point adoptées, à intervenir à
» main armée. C'est cette dernière position que le
» gouvernement prussien a adoptée et la commission y
» a adhéré. »

Tous les corps de l'armée prussienne, y compris la garde, qui viennent d'être mobilisés, sauf le premier, le deuxième et le sixième, c'est-à-dire ceux de la Prusse orientale, de la Poméranie et de la Silésie, le premier et le sixième étant destinés surtout, au besoin, à servir de contre-poids aux mouvements de troupes de la Russie, peuvent naturellement rester dans leurs provinces, car rien n'indique qu'il faille s'attendre à un conflit imminent avec la Russie. Le deuxième corps d'armée restera en Poméranie pour couvrir éventuellement les côtes de la Baltique. Les recrues d'octobre sont appelées dès à présent.

La mobilisation des six corps d'armée ne concerne

que la landwehr du premier ban. On compte, et ce
n'est pas un secret, que la partie de l'armée prussienne que cette mesure concerne comprendra 250,000
hommes. En y ajoutant les corps d'armée des autres
États d'Allemagne, l'armée allemande comprendra sous
peu 400 mille hommes.

Tout fait pressentir que le gouvernement prussien
invitera les gouvernements allemands à s'associer aux
mesures politiques et militaires que la Prusse est résolue à prendre dans l'intérêt commun, et on adoptera
probablement, pour faire cette invitation, la voie diplomatique.

A propos de mouvements de troupes éventuels en
Russie, on a appris que les corps d'armée russes sont
échelonnés de la manière suivante : Le premier et le
troisième à Kalisch, le deuxième et le quatrième sur la
frontière de la Gallicie, le cinquième sur la frontière de
la Moldavie.

Maintenant, est-il permis de croire que la marche
des armées alliées sur le Mincio, laissant Garibaldi sur
les confins de la Valteline, ne sera pas inquiétée? L'impassibilité des troupes autrichiennes battant en retraite
nous paraît au contraire être un piége auquel on s'est

laissé prendre jusqu'ici, au lieu d'attacher quelque importance à la proclamation ci-dessous qui a été publiée le **7** juin à Botzen (Tyrol), et que nous traduisons d'après la gazette de Vienne :

« D'après les nouvelles du théâtre de la guerre et ensuite des événements survenus sur le territoire du royaume Lombard-Vénitien, nous ne pouvons plus nous faire illusion davantage. Le danger approche de plus en plus; l'ennemi peut paraître à toute heure aux frontières de notre pays. Aussi, courageux habitants des montagnes et des vallées de ce district, n'avez-vous plus un moment à perdre.

» L'Empereur vous appelle, saisissez vos armes si souvent éprouvées dans les combats, pour Dieu, le monarque et la patrie; formez-vous en compagnies, choisissez vos officiers et préparez-vous à marcher bravement à la rencontre de l'ennemi.

» C'est ainsi qu'ont agi vos pères, chaque fois que la patrie était menacée; c'est ainsi que vous devez faire maintenant, si vous voulez être des fils dignes d'eux. Il s'agit des droits de votre Empereur, repoussez quiconque voudrait attaquer son pays. Il s'agit de la sûreté de votre propre foyer, défendez-le d'une main robuste et courageuse. Oui, croyez-le, l'heure est venue où vous devez justifier la confiance que l'Empereur a placée en vous, en vous appelant aux armes.

» Plusieurs communes ont déjà répondu à cet appel, et leurs compagnies sont déjà presque formées ; suivez cet exemple, et montrez-vous dignes par là de la reconnaissance de votre auguste Empereur, de son illustre représentant dans ces provinces, et de la gratitude de la patrie entière.

» Von Hebenstreit,

» Capitaine de district. »

Or, on ne s'est pas occupé du Tyrol, qui est cependant pour l'armée autrichienne de la Lombardie une seconde place de refuge, une retraite que l'ennemi ne pourrait attaquer, à moins de rompre complétement sa ligne d'opération, pour suivre les troupes impériales dans d'immenses défilés, où une poignée d'hommes peut disputer chaque pouce de terrain, tandis qu'à tous moments des renforts innombrables arriveraient du centre de l'empire. Inutile de songer à escalader les Alpes avant d'arriver au delà du Mincio, où s'ouvre la vallée de l'Adige. Partout leur élévation moyenne est de 5,000 à 8,000 pieds, et les défilés sont inabordables, à la seule condition d'être défendus par de simples détachements, tandis que du Tyrol une armée entière peut se jeter sur le Pô pour prendre les Alliés par derrière à l'heure où commencera l'attaque de Mantoue.

Il résulte de toutes ces dispositions naturelles et des combinaisons de l'état-major autrichien, qu'au moment où l'on s'y attendait le moins, un corps d'armée rassemblé dans le Tyrol à fait tout à coup irruption au passage du Stelvio, a fait sauter le pont du Diable, et force aujourd'hui Garibaldi à revenir sur ses pas pour tâcher de conserver les positions dont il s'était cru le maître.

En même temps les Autrichiens se sont établis à Nauders, à la source de l'Adige et y élèvent des retranchements. On dit qu'un corps français de 3,000 hommes s'avance à marches forcées sur cette position, mais on ne dit pas par quel chemin ni dans quel but : il nous paraît presque impossible qu'une poignée d'hommes s'engage, à travers les coupe-gorges des Alpes dans des contrées où il ne peut entrer dans les projets de Napoléon de les suivre, car si l'empereur n'a rien appris depuis les guerres du premier empire, les Autrichiens n'ont rien oublié et on ne les prendra plus à l'improviste.

———

Une circulaire du comte de Cavour dénonce par voie diplomatique, à l'indignation de tous les cabinets, un acte de barbarie qui aurait été commis le **20** mai par le général Urban sur neuf Piémontais ; mais il y a longtemps que M. Amédée Achard a fait justice, dans le *Journal des Débats,* de ces sottes déclamations qui n'ont d'autre but que de faire passer les Autrichiens pour des sauvages, et justifier la présence des Turcos en Italie : le consciencieux écrivain a eu la loyauté de réduire toutes ces infamies à néant, et nous avons plus de confiance en lui et dans le *Journal des Débats* qu'en M. de Cacour, car M. Amédée Achard n'avait intérêt à tromper personne.

Une dépêche officielle de Vérone, quartier général de l'empereur François-Joseph, annonce le remplacement définitif du général Giulay par le général Schlick.

INDEX DE LA CARTE.

—

La carte que nous publions dans ce numéro représente la nouvelle ligne de défense des Autrichiens sur le Mincio. Leurs troupes (rouge) occupent déjà Peschiera et les environs, ainsi que Vérone et Mantoue. Au sud de Vérone, un immense camp retranché de neuf lieues de tour a été établi. De nombreux corps de troupe gardent le Mincio entre Mantoue et Governolo, dans l'attente d'une attaque de ce côté par le prince Napoléon.

Les troupes piémontaises (jaune) sont en marche pour aller faire le siége de Peschiera; l'armée française (bleu) a passé l'Oglio et passe en ce moment la Chiese; leur avant-garde n'est plus bien loin de Mantoue.

Des garnisons françaises ont été laissées dans toutes les villes fortes de la Lombardie.

Le quartier-général de Garibaldi est à Brescia (vert); son avant-garde n'est pas loin des bords du lac de Garda.

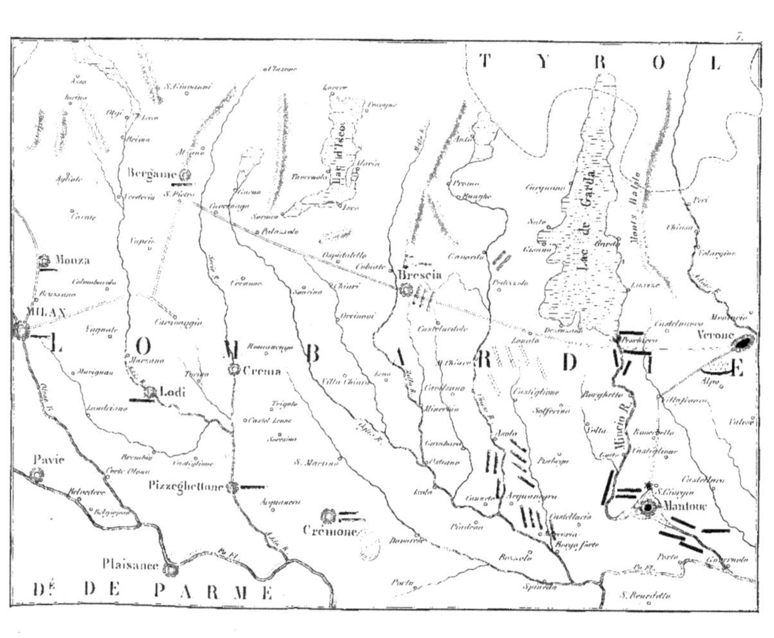

TYROL
LOMBARDIE
DÉ DE PARME
Lac de Garda
MILAN
Monza
Bergame
Brescia
Verone
Crema
Lodi
Pavie
Pizzeghettone
Crémone
Plaisance
Mantoue
Peschiera
Castiglione
Solferino
Asola
Castelnuovo
S. Giorgio

SITUATION DE L'EUROPE.

———

Voici l'heure où la situation commence à se dessiner parfaitement. Nous n'en sommes plus aux conjonctures et nous pouvons maintenant baser nos appréciations sur des faits. Déjà les grandes puissances soulèvent un coin du voile qui recouvrait leur politique. La diplomatie a des allures plus franches et les neutralités douteuses avouent nettement leurs sympathies et leurs espérances.

L'une des nouvelles qui a eu le plus de retentissement cette semaine est certainement la mobilisation de l'armée prussienne qui prend position sur le Rhin ou se dirige, à travers la Saxe, la Silésie et la Bavière, sur le théâtre de la guerre. Ça été, pour la politique française un coup de foudre que cette nouvelle attitude du cabinet de Berlin. Le *Moniteur universel* lui-même s'en est ému et a laissé tomber une note dont on n'a pas beaucoup parlé et sur le sens de laquelle nous ne nous arrêterons pas. La bourse a baissé sur les principaux marchés de l'Europe et la menace d'une guerre générale a reparu avec toutes ses sombres perspectives. Que va faire la Prusse en Italie? Soutenir les intérêts de l'Allemagne; chasser les Français du fameux quadrilatère qu'ils viennent d'entamer, hâter l'heure des négociations et arracher à l'Autriche de légères concessions dictées par l'esprit du temps et les nécessités de l'ordre européen. Voilà ce que l'on se plaît à dire. Pour notre part, nous n'en croyons rien. Il nous semble que les armées prussiennes marchent tout bonnement au secours de l'Autriche; que, si elles prennent position sur le Rhin, c'est pour empêcher la France de renforcer l'armée d'Italie; qu'enfin la plus légère concession de l'Autriche étant un hommage rendu au principe de la révolution et à la cause italienne, la Prusse ne peut sérieusement songer à laisser rogner les possessions de la maison de Hapsbourg en Lombardie et en Vénitie.

Voilà donc, sous peu de jours, à moins d'une conversion subite de l'Allemagne, la guerre déclarée entre la confédération germanique et la France. Cependant, il faut bien le dire, tous les états de cette confédération ne sont pas d'accord sur la politique à suivre dans les affaires d'Italie. On annonçait dernièrement que la Bavière fermait toutes ses portes aux armées prussiennes et cela au nom du principe de la neutralité. On disait en même temps que l'un des corps mobilisés qui allait prendre position sur le Rhin rencontrait des difficultés aux frontières du Hanovre. Cependant ces nouvelles ont besoin d'être confirmées pour obtenir toute l'importance qu'elles méritent.

Quoiqu'il en soit, Kossuth est parti, avec neuf de ses amis, tous réfugiés, pour révolutionner la Hongrie. Louis-Napoléon s'est empressé de déclarer qu'il n'était pour rien dans les folies du célèbre dictateur, mais l'Europe a eu l'impolitesse de ne pas ajouter foi aux paroles dudit Louis-Napoléon. C'est bien fait. Nous ne sommes pas gens à nous amuser avec des mensonges et des serments et l'Empereur s'est moqué si souvent de nous, que nous avons appris à être aussi malins que lui. — Le départ de Kossuth, tout bien considéré, restera un échec et une faute pour la politique française. La Russie peut-elle voir, sans sourciller, une révolution qu'elle a autrefois vaincue, se réveiller à ses portes? Peut-elle tendre la main à une cause, à un principe dont elle s'est fait un ennemi mortel? Peut-elle donner des gages à la liberté, tandis que sa conduite est de représenter en Europe l'autorité et l'ordre despotique? Nous avons déjà insisté sur ce point, le caractère révolutionnaire des événements a singulièrement réagi sur la politique moscovite et tout ce que l'empereur des Français peut songer à obtenir du cabinet de Saint-Pétersbourg, c'est de se renfermer dans une neutralité armée qui contienne un peu l'élan de l'Allemagne et de la Prusse.

D'un autre côté, il s'opère, dans la politique anglaise, un revirement dû plutôt à des causes intérieures qu'à la tournure des affaires d'Italie. La pensée du cabinet Derby, sur la guerre qui ensanglante en ce moment les belles plaines de la Lombardie, nous est aujourd'hui révélée. Celle du cabinet Palmerston nage encore dans le vague des protestations et des mouvements oratoires. Tenons-nous en donc à ce qu'écrivait, le 5 mai, lord Malmesbury à lord Cowley, représentant du ministère anglais à Paris. « Le gouvernement britannique croit, disait le noble lord, que cette lutte sera une source de misères et de ruines pour l'Italie et que, loin d'accélérer le développement de la liberté dans ce pays, elle lui imposera une plus forte charge de malheurs et d'impôts futurs. Il sent que la guerre, quels que soient les principes qui président à son début, et quel que soit son but, deviendra inévitablement une guerre de passions politiques et d'opinions extrêmes. Il ne peut que craindre que les événements en Italie ne réagissent sur d'autres nations et que, dans un avenir prochain, toute l'Europe ne soit enveloppée dans la lutte. »

Plus loin, lord Malmesbury fait la profession de foi suivante, qu'il faut enregistrer :

« Le sentiment presque unanime de la nation britannique en ce moment, à l'endroit de la guerre, est un sentiment de désapprobation de cette guerre, combiné avec le désir sincère d'éviter de donner un concours quelconque à ses opérations et de la voir concentrer dans les limites de la Péninsule. »

Voilà bien la pensée du dernier cabinet anglais clairement exprimée. Il désapprouve hautement la guerre; il se montre hostile à la politique du comte de Cavour; il se déclare en neutralité et il fait des vœux pour que la guerre ait une fin prochaine et soit circonscrite dans les limites de la Péninsule.

Le cabinet actuel de Saint-James continuera-t-il ces sentiments? Nous ne le croyons pas. Les deux chefs, lord Palmerston et lord John Russell se sont plusieurs fois prononcés en faveur de l'Italie. Ils ont affirmé la politique impériale ; ils ont protesté de leurs sympathies pour les populations Lombardes ; ils ont même reconnu la nécessité d'enlever à l'Autriche ses légitimes possessions. Après cela, les sentiments du ministre ne sont pas toujours ceux du député de l'opposition. Nous avons vu plus d'une fois, dans notre Belgique elle-même, dire *non* au pouvoir sur une question que l'on avait *affirmée* quand on poussait la minorité.

Du reste, il résulte des aveux du *Times* et du *Morning-Post,* organes du nouveau ministère anglais, que le gouvernement britannique continuera provisoirement, vis-à-vis de l'Europe en armes, et sous le coup d'une guerre générale, la politique de lord Derby, c'est-à-dire une neutralité armée, mais impartiale. Cette neutralité est dans la nécessité des choses. Lord Palmerston ne peut lui échapper, à moins de risquer sa puissance nouvelle et encore fragile. Car, disons-le en

passant, le nouveau ministère anglais se consolide difficilement, avec une majorité indécise, douteuse et hétérogène, devant une minorité puissante, redoutable et
compacte, à laquelle quelques voix suffiraient pour reconquérir le pouvoir.

L'attitude de la Russie, que nous avons indiquée tout-
à-l'heure, est et restera un véritable problème. Tandis
que les uns affirment un traité secret entre la Russie et
la France, d'autres nous font confidence d'un pacte non
moins secret entre la Prusse, la Russie et l'Angleterre,
soit pour arrêter les débordements de l'Empire français, soit pour circonscrire la guerre en Italie, soit enfin
pour imposer la paix aux puissances belligérantes et
résoudre la question italienne dans un sens libéral, sans
tailler trop fort dans les possessions de l'Autriche. Laquelle de ces deux données est la vérité ? Nous ne sau-
rions le dire, et nous engageons nos lecteurs à se défier
beaucoup des hypothèses que les hommes d'imagination
créent pour embellir ou assombrir à leur gré la situation.

Voulons-nous savoir maintenant, afin de comprendre
au moins quelque chose à ce qui se passe sous nos
yeux, voulons-nous savoir quelle est la philosophie de
la situation ? — La voici :

« Les alliances ne sauraient être le produit du bon plaisir, elles doivent être le résultat de principes, de tendances et d'intérêts identiques. L'empire ne représente plus les mêmes principes que l'Angleterre libérale et parlementaire. La France de la révolution de Juillet avait élevé à côté de l'Angleterre le drapeau de la liberté politique autour duquel se rangèrent successivement la Belgique, la Hollande, la Suisse, l'Espagne, le Portugal, les États italiens et la plupart des petits États de l'Allemagne. L'équilibre européen en fut déplacé. Au lieu de se pencher vers les gouvernements absolus comme après 1815, il se penche maintenant vers les gouvernements représentatifs. La révolution de 1848 mit fin à ce mouvement. La France impériale est-elle, peut-elle être encore l'alliée politique de l'Angleterre parlementaire ? Ne doit-elle pas plutôt se sentir entraînée par une force irrésistible vers la Russie également impériale ? Si les intérêts commerciaux et politiques de la France se trouvent être en opposition avec les intérêts de l'Angleterre, l'intérêt religieux les sépare bien davantage encore. L'Angleterre est une puissance protestante armée de prosélytisme; la France, au contraire, est une puissance catholique, et l'Empire tient à le proclamer bien haut. Mais une alliance qui n'est cimentée ni par les intérêts politiques, ni par les intérêts commerciaux, ne saurait être ni puissante, ni durable, parce qu'elle n'est pas vraie. L'intérêt du moment peut faire conclure une pareille alliance; mais la « tuile révolutionnaire » de Metternich sera constamment sous la main pour la menacer. »

(M. Deschamps, le Second Empire.)

Tel est le secret de la situation. L'homme d'État qui a écrit ces lignes et qui est bien placé pour juger les événements, tient à la Révolution, par ce qu'elle a de plus conservateur, et à l'Église, par ce qu'elle a de plus libéral. Il peut donc apprécier sainement les choses, sans se laisser égarer par la passion ou l'ignorance des faits, et nous engageons nos lecteurs à bien se pénétrer, pour l'avenir, de la citation que nous venons de placer sous leurs yeux.

Nous ne pouvons clore cette espèce de revue politique que nous avons crue nécessaire au moment d'une guerre générale que l'on annonce de toutes parts et en l'absence de toute nouvelle intéressante du théâtre de la guerre, sans dire notre mot des troubles qui

8.

viennent d'éclater à Venise et dans les États romains.

A Venise, le mouvement a été provoqué par l'approche des alliés et la présence de la flotte française de l'Adriatique. Mais l'émeute a été facilement réprimée et pour cause. On sait que la ville des doges et de Saint-Marc est bâtie sur pilotis, au beau milieu de la mer ; que ses rues sont des canaux à la surface desquels glissent les élégantes gondoles et qu'il n'y a de terre ferme, dans toute la ville, que la place de Saint-Marc qui est d'une grandeur double ou à peu près de la place de l'hôtel de ville à Bruxelles. On comprend sans peine que dans ces conditions deux régiments peuvent venir facilement à bout de toute tentative de révolte et qu'il suffit d'occuper *la piazza di San-Marco* pour maintenir la tranquillité à Venise.

Mais dans les États romains la chose a été plus sérieuse. A l'heure qu'il est, les légations ont levé l'étendard de l'Indépendance et, se plaçant sous la dictature de Victor-Emmanuel, *re d'Italia*, décrété la déchéance du Pape ou à peu près. Il ne faut point perdre de vue la gravité de ces faits. La papauté est, à tort ou à raison, la clef de voûte de l'ordre social européen. Faites du Pape un simple évêque, en un ôtez-lui mot sa couronne de roi, il perd son indépendance et le catholicisme, l'une des épaves de la société, son unité. Louis-Napoléon a si bien compris cela qu'il a pris le Pape sous sa protection, qu'il a protesté de son *dévouement*, de sa *fidélité*, de son *attachement* à la tiare de *Saint-Pierre,* et qu'en France il a relevé la religion déchue. Ses troupes, sous les ordres du général Goyon, ont même refoulé un commencement de révolution à Rome, en sorte que le Chef de l'Empire français, par sa politique à double face, est obligé de réprimer en Romagne le sentiment qu'il fait naître à Milan.

Toutefois, il paraît que le Pape a reçu l'assurance formelle que ses états resteraient intacts et que sa neutralité serait respectée autant qu'elle pourrait l'être. En attendant, Victor-Emmanuel a refusé la dictature qu'on lui avait offerte, et il a envoyé de simples commissaires dans les légations pour organiser la guerre de l'Indépendance. D'un autre côté, les Suisses de la garde du Pape sont entrés à Pérouse qui s'était révoltée, ont écrasé les émeutiers et ont rétabli l'ordre dans la ville. L'on dit même qu'ils ont fait justice sommaire des fauteurs de troubles. L'exagération qui s'empare si vite des faits pour les travestir et leur faire prendre une signification qu'ils ne peuvent avoir, a raconté que les vainqueurs avaient mis Pérouse à feu et à sang, égorgé les vieillards et les enfants, outragé les femmes, violé les jeunes filles et martyrisé les hommes qui avaient pris part au mouvement. Avons-nous besoin de dire que nous ne croyons rien de tout cela?

—

NOUVELLES DU THÉATRE DE LA GUERRE.

—

On a dû remarquer que, d'après le rapport du général Giulay sur la bataille de Magenta, le commandant en chef des forces autrichiennes attribue en partie son échec à l'arrivée tardive du général Clam-Gallas, sur le champ de bataille, ce qui porterait à faire croire que l'ensemble des opérations a été contrarié.

Or, le corps d'armée du général Clam-Gallas arrivait du fond du Tyrol à marches forcées, il n'avait pris aucun repos depuis trois jours, et, bien plus, les soldats n'avaient pas mangé depuis vingt-quatre heures. Néanmoins ils se sont battus comme des lions et ont tenu pendant deux heures le corps d'armée du maréchal Canrobert en échec.

Le comte Clam-Gallas, offensé de ce qu'il y avait de désobligeant et d'injuste pour lui et pour ses troupes dans le rapport du général en chef, a adressé à celui-ci une provocation en duel, et une rencontre doit avoir lieu entre les deux généraux. L'intervention de l'Empereur lui-même n'a pu empêcher ce duel.

Voilà du moins ce qu'on raconte et ce que nous avons cru devoir transmettre à nos lecteurs. Il faut quelquefois descendre au fond des détails infimes et intimes, car c'est ainsi que l'on comprend le mieux les événements de la guerre et que l'on apprécie avec le plus de justesse le caractère des généraux et les sentiments des soldats.

Puisque nous faisons de la chronique militaire et que nous revenons encore une fois sur la bataille de Magenta, donnons un autre détail non moins intéressant qui fera comprendre au moins l'incohérence des mouvements de l'armée française, incohérence que nous avons signalée plus d'une fois. Nous trouvons ce qui suit dans une lettre de Genève écrite à un journal de cette ville sur une épître confidentielle d'un officier français à un de ses amis. Il s'agit du rôle qu'a joué le général Mac-Mahon dans l'affaire de Magenta.

« Comme on le sait, la garde a été brusquement attaquée par un corps d'armée autrichien important, dont le but évident était de cerner le détachement français et d'enlever l'Empereur. Celui-ci comprenait parfaitement l'imprudence qu'il venait de commettre, et contrairement à ce qu'en ont dit quelques correspondances, il a fait preuve, dans cette circonstance, de très-peu de sang-froid. Il a montré beaucoup de courage et de résignation, et je puis employer ce mot, car pendant deux grandes heures il s'est cru perdu ; mais il n'a pas trouvé un instant de calme suffisant pour aviser au moyen de se tirer de ce mauvais pas : pendant toute l'action il n'a pas donné un ordre. — Enfin Mac-Mahon entend la canonade, et *il ne marche pas au canon* pour suivre un précepte de Napoléon Ier, mais parce qu'il a remarqué dès le début de la campagne que celui qui commande en chef a assumé sur lui une charge que son inexpérience de la guerre rend trop lourde ; il a remarqué surtout cet isolement déplorable dans lequel on aventure les corps d'armée, et dont les Autrichiens tireraient si bon parti s'ils n'étaient en présence d'une armée si bien aguerrie. Quand il entend le canon il est donc en droit de présumer qu'un corps d'armée est en détresse, et qu'il est de son devoir de courir à son aide.

—Mac-Mahon marche donc au canon et quand il est à portée de l'ennemi, il envoie un de ses aides-de-camp prendre les ordres de l'Empereur, qui hésite d'abord à répondre et qui finit par lâcher ces mots : « Dites au général qu'il fasse ce qu'il veut, mais qu'il nous *sauve*. »

— Le mot était lâché, il est répété à Mac-Mahon qui sans compter ses adversaires, tombe sur les Autrichiens qui manœuvraient de façon à tourner la droite de la garde, les culbute malgré leur nombre, débloque le corps de Baraguay-d'Hilliers et sauve l'Empereur. — Le mot de Napoléon III a valu à Mac-Mahon le bâton de maréchal et le titre de duc ; mais remarquez dans le rapport dicté trois ou quatre jours plus tard, avec quelle rapidité l'Empereur passe sur la manœuvre opérée par Mac-Mahon. On se demande, en lisant ce rapport, ce qui a pu valoir à un républicain de si grandes faveurs ; mais l'Empereur pouvait-il faire connaître à l'Europe l'erreur qu'il avait commise ?

On assure, après cela, que l'Empereur va revenir à Paris et qu'il laissera au brave et intelligent Mac-Mahon le soin de réduire le fameux quadrilatère qui est le dernier boulevard de la puissance autrichienne et allemande en Italie.

Voici quelles étaient, au milieu de cette semaine et avant la grande bataille qui vient d'avoir lieu et sur laquelle nous donnons quelques renseignements à la fin de ce *Bulletin*, voici quelles étaient les positions des armées en présence.

Les Autrichiens étaient derrière le Mincio, excellente ligne de défense, qui arrêta et faillit briser le grand Bonaparte. On se souvient qu'en 1848 Charles-Albert, qui avait des forces supérieures à celles de Radetzki, fût arrêté près de 15 jours devant ce fleuve. Il est donc très-difficile aux Français de joindre leurs ennemis au milieu du quadrilatère,

On sait, en effet, que si le Mincio est un fleuve tranquille, il n'a cependant de gués qu'en quelques endroits et à des époques de sécheresse. Par les fortes pluies et à l'époque de la fonte des neiges, il s'accroît considérablement. Les seuls ponts qui y existent sont près de Peschiera, à Borghetto, Goïto et Rivalta, et près de Mantoue, au-dessus des lacs. Mais nous avons déjà dit que Peschiera et Mantoue sont des fortifications. Rivalta se trouve presque sous le canon de Mantoue, de façon que l'étendue du fleuve à observer en rase campagne, ne comporte que quatre milles en ligne droite.

Enfin, les Autrichiens prétendent que depuis 1849 beaucoup d'écluses ont été ajoutées aux abords du lac
Garda, de façon à pouvoir amener un courant impé-
tueux du Mincio jusque dans le lac de Mantoue, et
anéantir tous les ponts de bateaux construits sur chevalets. Comme on le voit, le passage du Mincio, dans
ces conditions, est chose extrêmement difficile. Après
cela, il se peut que les Alliés tournent le quadrilatère
par le lac Garda, ou forcent le passage à Peschiera en
s'emparant de cette place; mais l'une et l'autre de ces
opérations demandent du temps. La bataille qui vient
de se donner ne peut donc être décisive. D'ailleurs elle
s'est livrée de ce côté-ci du Mincio, et on ignore encore,
au moment où nous écrivons ces lignes, si elle a eu
pour résultat de livrer un passage quelconque de ce
fleuve à l'armée française.

Le 23 juin, on a reçu la nouvelle que l'armée autrichienne avait passé le Mincio et que les Piémontais
s'avançaient vers Peschiera en repoussant les avant-
postes ennemis au prix d'une cinquantaine de morts et
blessés. De leur côté, les Français passaient la Chiese
le même jour, et poussaient une reconnaissance jusqu'à
Gorto, où ils surprirent une grand'garde autrichienne,

qui a eu plusieurs soldats de tués et qui a laissé neuf prisonniers.

Ces diverses opérations indiquaient, à notre sens, que les deux armées ennemies se concentraient sur le Mincio, l'une pour défendre cette ligne, l'autre pour l'attaquer.

Pendant que les Autrichiens abandonnaient les fortes positions qu'ils occupaient à Lonato, Castiglione et Montechiari, les armées alliées en préparaient l'occupation et portaient leur quartier-général à Belli-Vergo.

En même temps, si nous en croyons une nouvelle dépêche de Berlin, 5,000 Français ont été dirigés sur la Valteline.

Enfin, le quartier-général autrichien a été transféré à Villafranca, entre Mantoue et Vérone, presque au centre du quadrilatère. C'est là que se trouve l'Empereur François-Joseph. — De sorte que la droite des Autrichiens est en avant de Peschiera, leur centre en face de Castiglione, et leur gauche à Castelgoffredo, ville située à 28 kilomètres nord-ouest de Mantoue. Cette position a été étudiée de longue main par les généraux autrichiens. La bataille qui vient d'avoir lieu a complétement bouleversé leurs calculs, comme on le verra plus bas; mais rien ne prouve que le triomphe des Français n'a pas été amoindri par l'excellence elle-même de cette position.

Les dernières nouvelles de Lucques mandent que le prince Napoléon est décidé à marcher rapidement vers la portion de la Lombardie qui se trouve sur la rive droite du Pô, de manière à passer ce fleuve entre Mantoue et Ferrare. Ce mouvement a pour but de forcer les Autrichiens à évacuer cette dernière ville, s'ils ne veulent être coupés et enveloppés.

Le général Garibaldi, dont les opérations ne se lient guère, en apparence du moins, avec celles des alliés, a été battu par le général Urban, près de Castenedalo. La rencontre a été terrible et sanglante. De part et d'autre on a fait des prodiges de valeur. Les troupes du célèbre aventurier ont lutté avec toute l'énergie du patriotisme au désespoir. Mais, inférieurs en nombre et en discipline, elles ont dû céder. Garibaldi s'est réellement trouvé dans une position fort critique. La chute de son cheval, trois fois percé des balles autrichiennes, a fait croire qu'il était perdu pour son armée et pour l'Italie. Ce n'a été qu'à l'approche de Cialdini que les chasseurs des Alpes, à peu près perdus, ont pu se dégager et reprendre leurs anciennes positions.

Nous avons annoncé, dans notre précédente livraison, que les alliés allaient occuper, en Lombardie, les places dont ils s'étaient rendus maîtres. Nous apprenons qu'à la demande des populations, les Français auraient été choisis de préférence aux Piémontais pour garder ces places. Ceci est important. L'antipathie qui existe entre les différentes nuances du peuple italien, n'est pas un des moindres obstacles à la liberté et à l'unification de l'Italie, rêve absurde des Mazziniens.

BATAILLE DE CAVRIANA.

La dépêche suivante, adressée par Louis-Napoléon à l'Impératrice Eugénie, a été publiée samedi à Bruxelles dès onze heures du matin :

Cavriana, 24 juin, au soir.

Grande bataille !

Grande victoire !

Toute l'armée autrichienne a donné. La ligne de bataille avait cinq lieues d'étendue (1).

Nous avons enlevé toutes les positions et pris beaucoup de canons, de drapeaux et de prisonniers.

La bataille a duré depuis quatre heures du matin jusqu'à huit heures du soir.

---

(1) Nous avons dit plus haut que l'étendue du Mincio à observer ne contenait que quatre milles, en ligne droite, c'est-à-dire environ une lieue et demie. Mais la bataille n'a pas été livrée sur le Mincio, et si la victoire est grande, nous ne croyons pas qu'il en sera de même du résultat.

Depuis quelques jours on s'attendait à une grande bataille que le rapprochement des deux armées rendait inévitable. Mais quelque terrible qu'on s'imagine le choc de ces masses humaines, on est resté certainement au-dessous de la réalité. Les termes de la dépêche sont laconiques, mais terribles. Seize heures de combat, entre quatre cent mille hommes armés de moyens de destruction formidables, et engagés sur une étendue de cinq lieues, constituent une lutte gigantesque, qui restera dans la mémoire de la génération contemporaine, comme les plus sanglants souvenirs. Le sang a dû couler à flots et les pertes doivent être effrayantes de part et d'autre. Quant à leur étendue, on ne sait encore rien de positif, et les ministères n'ont pas reçu de nouvelles dans la journée. Toutes les distributions de dépêches d'Italie ont été suspendues et le télégraphe occupé exclusivement par le service officiel.

Une dépêche de Berne a annoncé que les Autrichiens avaient perdu 35,000 hommes hors de combat, 15,000 prisonniers, 16 drapeaux et 75 canons; mais cette dépêche particulière, répandue aujourd'hui à la bourse n'a aucune autorité.

L'impression publique a évalué les pertes subies des deux côtés à soixante mille hommes.

On a parlé de neuf généraux tués ou blessés : mais on ne citait que le nom du général Korte qui est mort de la rupture d'un anévrisme pendant la bataille.

La lutte a eu lieu dans les plaines de Solferina, entre Peschiera et Goëto, sur la rive droite du Mincio, ce qui semble indiquer que ce sont les Autrichiens qui ont commencé l'attaque. La dépêche de l'Empereur ne donne aucune indication sur le passage du Mincio, d'où il faut conclure qu'hier soir, après sa victoire, l'armée française n'avait pas franchi cette rivière. On disait aujourd'hui que le passage du Mincio avait dû avoir lieu ce matin ; d'un autre côté, on assurait qu'un armistice de trois jours avait été conclu entre les deux armées pour enterrer les morts.

D'après les renseignements de la journée, on pense que les deux armées se reposent et réparent leurs ponts et on suppose que l'armée française ne tentera pas l'attaque sur le Mincio avant quelques jours.

Nous nous proposons de donner, la semaine prochaine, un récit complet de la bataille de Solferina, car c'est décidément ce dernier nom qui lui reste.

INDEX DE LA CARTE.

—

Dans un moment où vient d'avoir lieu une grande bataille sur laquelle nous n'avons encore que des renseignements incomplets, il nous est impossible de donner à nos lecteurs des indications bien exactes sur les positions respectives des divers corps d'armée.

Nous leur offrons un tracé très-exact du célèbre quadrilatère du Mincio, avec toute la partie de la Lombardie que nous n'avons pu encore mettre sous leurs yeux, de Mantoue à Venise. Ils y trouveront les positions de Cavriana *et de Solferina où s'est donnée la grande bataille de ces jours derniers, au Sud-ouest de* Peschiera.

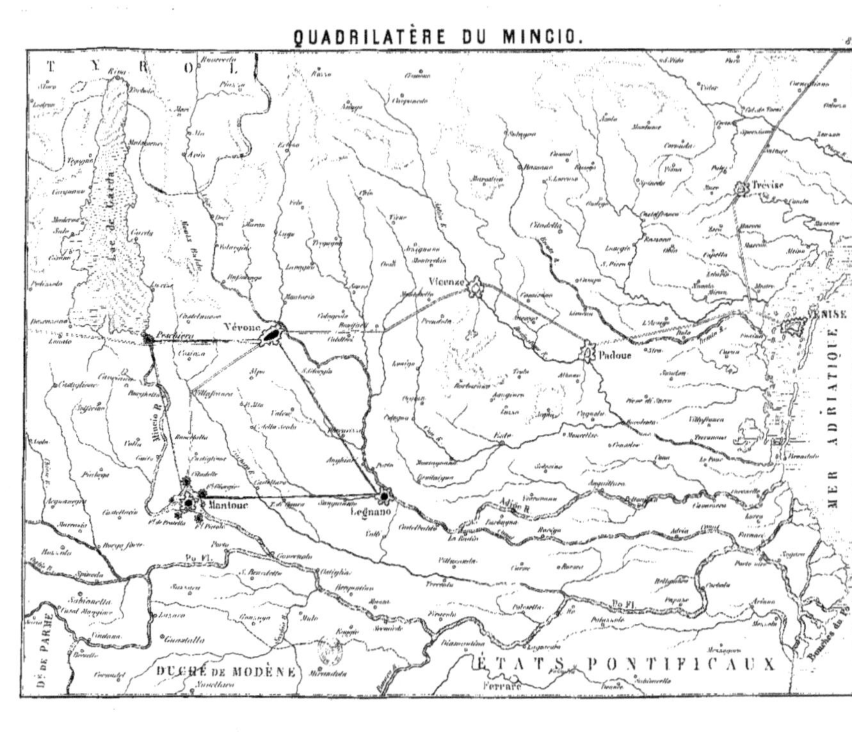
QUADRILATÈRE DU MINCIO.
TYROL
Lac de Garda
Peschiera
Vérone
Vicenze
Padoue
VENISE
MER ADRIATIQUE
Mantoue
Legnano
Mincio R.
Adige R.
Po Fl.
DUCHÉ DE PARME
DUCHÉ DE MODÈNE
ÉTATS PONTIFICAUX
Ferrare
Trévise

L'EMPIRE.

Autrefois l'Empire c'était la paix. A l'heure qu'il est, il n'y a plus d'illusions à se faire, l'Empire c'est la France.

Depuis qu'à tous moments éclatent au *Moniteur universel* des cris de victoire, on ne se demande plus s'il y a encore un livre ou un tableau à Paris, si le commerce et l'industrie souffrent ou se développent, comment croissent les récoltes, s'il y aura des vendanges pour l'automne et du pain pour l'hiver, car les orages et les inondations ne sont rien à côté des tempêtes de la guerre ; il importe peu de savoir si, à force de renverser des nationalités comme on le fait aujourd'hui, d'après les préceptes du plus terrible des despotes à la gloire duquel il a fallu un marche-pied de cinq millions de cadavres; il importe peu de savoir, disons-nous, si les équipées des temps barbares transplantées au milieu de notre civilisation, n'ont pas la chance d'aboutir à une nouvelle Sainte-Alliance et à une nouvelle occupation de Paris, car on oublie même l'histoire en ces temps-ci : il suffit qu'on annonce une grande bataille ! une grande victoire ! — sans dire pour qui ni pourquoi, — pour que la France tout entière y réponde par des cris de vive l'Empereur à faire trembler le monde.

Que ce cri ait coûté la vie à 50,000 hommes et englouti 100,000,000, qu'il soit une nouvelle provocation à la guerre générale, qui de jour en jour devient plus inévitable, qu'importe encore ! L'empire c'est la France, avons-nous dit, et le Chauvin que Waterloo avait couché dans la tombe vient de se réveiller, en se rappelant vaguement un rêve dans lequel il a vu les cohortes bonapartistes planter les aigles de l'Empire sur les débris de la monarchie autrichienne !

Il ne s'agit pas de renverser des nationalités, objec-tera-t-on, attendu que Victor-Emmanuel, *re d'Italia in partibus,* n'accepte que provisoirement les dictatures

que les agents de l'Empire remettent entre ses mains.
Mais on a pour cela de bonnes raisons, il ne manquerait plus que de violer le droit des gens comme on
viole la liberté des peuples : le droit des gens ne s'op-
pose-t-il pas, en effet, à l'incorporation d'un pays avant
le traité de paix, la conquête ne pouvant être considérée
jusqu'alors que comme un séquestre ?

En d'autres temps, voici comment on procédait lorsqu'il s'agissait de rétablir la paix de l'Europe, compromise
comme aujourd'hui par un aventurier heureux qui
avait plus d'activité que de génie, et de rendre : aux territoires nationaux leur étendue naturelle, aux peuples
opprimés et ruinés leur nationalité et leurs droits. Les
monarques de l'Europe signaient une alliance, puis se
réunissaient le 1ᵉʳ décembre 1813 à Francfort, pour
déclarer « qu'ils ne voulaient pas faire la guerre à la
« France, *mais à cette prépondérance hautement an-*
» *noncée que, pour le malheur de l'Europe et de la*
» *France elle-même, Napoléon exerçait hors des limites*
» *de son Empire.* » Partant de là, ils offraient à ce
Napoléon une paix fondée sur l'indépendance des divers
États, et qui, par une sage répartition des forces, put
préserver désormais l'Europe des calamités qui, depuis

vingt ans, pesaient sur elle. Ils manifestaient leur intention que la France fut grande, forte et puissante, et lui confirmaient une étendue de territoire supérieure à celle qu'elle avait sous ses rois. Au moment où les souverains alliés publiaient cet acte, ils concluaient un traité général avec les princes d'Allemagne, qui s'engageaient à consacrer aux frais de la guerre une année de leur revenu brut.

Nous n'en sommes plus là, c'est vrai, car depuis 1813 la civilisation a marché et les souverains l'ont suivie ; mais la brutalité du gouvernement impérial qui nous reporte aux plus sanglantes épopées des temps barbares nous ramènera bien à la saine politique de l'empereur Alexandre Ier, et si Alexandre II nous manque pour mettre au ban de l'Europe le violateur des traités de 1815, nous nous passerons de lui.

Sans doute M. de Cavour ne manquera pas de nous répéter que c'est l'Autriche, selon lui, qui a déchiré les traités en passant le Tessin, et que les provinces italiennes soumises à l'Autriche par la fortune de la guerre ont été rendues à leurs droits naturels ; mais si le prince Gortschakoff partage cette opinion, un gouvernement véritablement allemand, qui ne s'appuie pas sur la *force* mais sur le *droit,* se permettra de lui répondre, par voie diplomatique, que ce gouvernement a rendu dans le temps pleine justice aux efforts tentés par le cabinet de Saint-Pétersbourg pour prévenir la guerre par un congrès européen; mais qu'à moins de manquer à l'impartialité envers un gouvernement confédéré, il lui serait impossible de s'arrêter à l'épisode du Congrès représentant une phase et non l'ensemble des faits qui ont précédé et amené la guerre, au lieu de se reporter à l'origine des complications qui ont fini par la faire éclater; et alors qu'il ne saurait oublier que le gouvernement autrichien, n'ayant rien fait qui pût donner ombrage ni à ses voisins ni à une puissance quelconque en Europe, fût inquiété d'abord et menacé ensuite dans le paisible exercice de ses droits de souveraineté. Il ajoutera qu'il lui est difficile encore de ne pas se convaincre que *si de pareilles entreprises, au lieu de rencontrer des sympathies, avaient encouru le blâme non équivoque de l'Europe, le fléau de la guerre eût été très-probablement épargné à l'humanité avant même que la question de Congrès fut posée.*

« La dépêche de M. le prince Gortschakoff, ajoutera M. le ministre des affaires étrangères du roi de Saxe,

constate une fois de plus l'intention du gouvernemen
russe de veiller au maintien de l'équilibre européen
Nous sommes profondément pénétrés de ce que cett
manifestation a de rassurant pour l'avenir de l'Europe
Nous savons apprécier au même degré l'importance de
l'intérêt que le gouvernement impérial déclare attache
à l'intégrité de l'Allemagne. Nous aimons de plus à
nous persuader que si la Russie en faveur de l'Allemagne a fait des sacrifices, elle ne les regrette pas, car,
ainsi que nous le dit la dépêche de M. le prince
Gortschakoff, la Russie ne s'inspire que de ses intérêts,
et il s'est présenté telles circonstances où la Russie, à
son tour, a eu à se louer de l'Allemagne guidée également par les inspirations de ses propres intérêts.
L'Allemagne aujourd'hui ne demande pas des sacrifices,
elle ne réclame que son indépendance dans l'accom-
plissement de ses devoirs fédéraux.

» En parlant ainsi, nous n'avons pas la prétention de
prendre la parole au nom de l'Allemagne. Mais lorsqu'il
s'agit des affaires fédérales et du maintien des droits
aussi bien que des obligations de la Confédération,
nous croyons chacun des gouvernements allemands
appelé à élever sa voix, et nous ne craignons pas,

pour notre part, d'être démentis par nos confédérés. »

Après cela nous exprimons avec M. de Cavour lui-même le vœu que « l'Italie devienne un royaume fortement constitué, tel qu'il est naturellement indiqué par la configuration géographique, l'unité de race, de langue et de mœurs, et tel que la diplomatie avait voulu le former en d'autres temps, dans l'intérêt commun de l'Italie et de l'Europe; » mais à condition que si ce royaume a le bonheur d'échapper à la domination de l'Autriche, ce ne soit pas pour retomber sous la domination d'un Bonaparte, car alors non seulement l'équilibre européen serait à tout jamais rompu, mais c'en serait fait de la paix du monde pendant toute la durée d'une dynastie.

BATAILLE DE SOLFERINO.

Le fait capital de la semaine qui vient de s'écouler et sur lequel nous n'avons encore reçu que la relation française, est la fameuse bataille de Solferino où, du côté des vainqueurs seulement et d'après leurs aveux 18,245 hommes ont mordu la poussière. Un nombre assez considérable de blessés et de manquants sont compris dans ce chiffre ; mais sous ce soleil ardent qui brûle les plaines d'Italie, il est peu de blessures qui ne soient mortelles, de sorte qu'on peut compter les blessés comme des hommes perdus, aussi bien que les manquants qui, n'ayant pas vraisemblablement déserté, sont morts dans les fossés, entraînés par les cours d'eau ou faits prisonniers.

En présence de cette immense hécatombe, il est assez naturel qu'on recherche les causes qui l'ont provoquée et les résultats qu'elle a produits.

L'armée autrichienne, après avoir successivement

abandonné les lignes de l'Adda, de l'Oglio et de la Chiese, s'était retirée sur le Mincio pour défendre le dernier quadrilatère stratégique de la domination autrichienne en Italie.

L'armée alliée s'avançait donc en bon ordre sur cinq colonnes avec ordre de se porter : celle du roi Victor-Emmanuel sur Pozzolengo en avant de Peschiera, pour aller faire le siége de cette dernière place ; celle du maréchal Baraguey-d'Hilliers sur Solferino, sur la droite en arrière de Pozzolengo ; celle du maréchal duc de Magenta sur Cavriana, sur la droite et un peu en avant de Solferino ; celle du général Niel sur Guidizzolo à la même hauteur, et la colonne du maréchal Canrobert sur Médole, formant dans cette position une espèce de réserve au corps d'armée du général Niel et destinée à renforcer la droite de manière à pouvoir résister à toute attaque dirigée par l'ennemi en avant de Mantoue. La garde impériale, de son côté, marchait sur Castiglione en arrière du centre de la ligne, pour soutenir ce centre en cas de choc et être prête à entrer en ligne soit sur la droite avec le maréchal Canrobert, soit sur la gauche pour appuyer les opérations du roi Victor-Emmanuel

Ces divers mouvements avaient commencé le 29, dès

deux heures du matin, afin d'épargner aux soldats la trop grande chaleur du jour.

Les dispositions de cette marche en avant étaient d'autant mieux prises que, selon toute probabilité, elle ne pouvait guère être inquiétée, les Autrichiens n'ayant plus guère rien de mieux à faire, après l'abandon de l'Oglio, qu'à se retrancher sur le Mincio et à occuper fortement leur front de défense.

Cependant, l'armée autrichienne se croyant sans doute en état de livrer une bataille décisive sur la ligne de la Chiese, repassait le Mincio à Goïto, Valeggio, Monzambano et Peschiera, et s'avançait sur neuf colonnes partagées en deux armées à la rencontre de l'ennemi.

Il s'ensuivit que le **29**, vers trois heures du matin, tandis qu'au sortir de Castiglione Baraguay-d'Hilliers et Mac-Mahon se heurtaient à des forces considérables, Niel se voyait tenu en échec à la hauteur de Medole, Victor-Emmanuel en avant de Rivoltella et Canrobert à Castelgoffredo occupé par la cavalerie ennemie. A ce moment toute la chaîne de mamelons qui coupe l'horizon et domine la plaine du Mincio, apparut aux premiers rayons du jour couverte d'Autrichiens solidement établis sur tous les points et prêts à prendre l'offensive.

Dans cette position, il s'agissait avant tout pour les alliés de relier entre eux les divers corps de l'armée de manière à ne pas se laisser enfoncer au centre, et ce furent les dispositions que prit tout d'abord l'Empereur Napoléon, avant de se porter au centre de la ligne où le maréchal Baraguay-d'Hilliers avait engagé une lutte ardente au pied de la colline abrupte au sommet de laquelle est bâti le village de Solferino, que défendaient des forces considérables retranchées dans un vieux château et dans un cimetière, l'un et l'autre entourés de murs crénelés.

Le maréchal Baraguay-d'Hilliers, qui avait porté lui-même successivement en avant les troupes des divisions Bazaine et Ladmirault, avait fait des pertes excessivement considérables et allait succomber de fatigue et de chaleur, lorsque l'empereur envoya à son secours la division Forey qui s'avança en deux brigades, la première du côté de la plaine, la seconde par les hauteurs pour prendre le village à revers. Cette dernière division marchait soutenue par celle du général Camou, des voltigeurs de la garde, et par l'artillerie conduite par les généraux de Sevelinges et Lebœuf qui prirent position à 300 mètres seulement de l'ennemi. Alors commença une bataille acharnée, un feu terrible qui dura plusieurs heures et massacra des colonnes tout entières dans la plaine et dans le village; les positions avancées furent prises et reprises plusieurs fois avec une égale ardeur et une bravoure sans exemple, mais la manœuvre des alliés décida de leur succès au centre. Pendant que la division Forey s'emparait du cimetière, et que le général Bazaine lançait ses troupes dans le village, les voltigeurs et les chasseurs de la garde impériale grimpaient jusqu'au pied de la tour qui domine le château et s'en emparaient. Les mamelons des collines qui avoisinent Solferino étaient successivement enlevées, et à trois heures et demie les Autrichiens évacuaient la position sous le feu de l'artillerie couronnant les crêtes, et laissaient entre les mains des alliés 1,500 prisonniers, 14 canons et 2 drapeaux. La part de la garde impériale était de 13 canons et 1 drapeau.

Pendant cette lutte, le feu s'engageait sur tous les autres points de la ligne, et les Piémontais, séparés du maréchal Baraguay-d'Hilliers par un corps d'armée au-

.trichien, se faisaient écraser devant Dezenzano par des forces supérieures. Ils battaient en retraite, incapables de résister plus longtemps, quand les divisions de réserve des généraux Durando et Fanti, attendues depuis plus d'une heure, arrivèrent enfin et regagnèrent le terrain perdu.

Alors, toute l'armée étant réunie aux ordres du roi Victor-Emmanuel, elle marcha à l'ennemi sous un feu terrible, et finit par atteindre les hauteurs de San Martino, dont elle s'empara pied à pied en combattant avec acharnement.

A six heures et demie du soir les Autrichiens battaient en retraite, mais bien que la bataille fût perdue pour eux au centre, ils continuaient à faire broncher les deux ailes. Toutefois ils ne purent pas tenir longtemps contre la tempête de feu et de mitraille que de toutes les hauteurs, occupées dès lors par l'ennemi, celui-ci dirigeait sur ses colonnes avec une effroyable précision, du côté de l'artillerie surtout, portant à des distances inouïes.

Nous n'avons pas à relever ici les actes de bravoure particuliers signalés soit dans la presse, soit dans les relations officielles de l'état-major français, car des deux côtés tout le monde s'est conduit admirablement, et si le maréchal Niel a été, plutôt que tout autre, nommé maréchal de France, pour avoir le dernier occupé Solferino, lorsqu'il était devenu impossible aux Autrichiens de le reprendre, c'est qu'on n'a cru pouvoir faire mieux, pour récompenser tout le monde, que d'illustrer le dernier occupant de la place. Au milieu de ces luttes gigantesques, il n'est pas un officier, pas un soldat peut-être, qui n'ait donné, sous les yeux des deux empereurs et du roi, des preuves de courage dont il y a peu d'exemple. Il n'est pas vrai toutefois, comme l'a dit Napoléon III dans son ordre du jour, que Solferino surpasse les éclatants souvenirs de Lonato et de Castiglione, car ceux-là, dit M. Thiers, sont vraiment extraordinaires et inouïs dans l'histoire. Victor-Emmanuel a mieux compris la situation, en portant à l'ordre du jour son armée entière.

Ce qui prouve, encore une fois, la valeur des Autrichiens et combien la victoire des Alliés leur a coûté cher, c'est qu'à l'heure de la retraite des premiers, les autres se sont bien gardés de les poursuivre, ce qui est pourtant de règle en pareil cas, attendu que la première chose à faire est de profiter des avantages que l'on a remportés. — Il est vrai qu'aujourd'hui on ne pratique plus la grande tactique. Le talent militaire ne consiste plus à remporter des victoires sur des forces supérieures par la savante combinaison des manœuvres : on va droit devant soi, la giberne bourrée de cartouches et la baïonnette au bout du fusil. Quand on se rencontre, on s'arrête et on épuise ses cartouches, puis on s'attaque à l'arme blanche corps à corps, et l'on se bat ainsi jusqu'à ce que l'un des deux vide les lieux. Alors on détrousse les morts, on dine sur leurs cadavres et on s'endort sur leurs dépouilles. — C'est horrible !

A la suite de la bataille de Solferino, les alliés ont repris l'offensive, et en arrivant sur le Mincio, ils ont trouvé libre la rivière et libres les places qui la défendent, les Autrichiens s'étant, dit-on, retranchés autour de Vérone. Reste à savoir seulement, car l'abandon du Mincio est inconcevable, si les Alliés en passant cette rivière ne se sont point jetés aveuglément dans un piége. Pendant que les Piémontais faisaient l'investissement de Peschiera, le prince Napoléon rejoignait l'Empereur à la tête des 35,000 hommes qui composent le 5ᵉ corps, et celui-ci a laissé à Goïto un corps d'armée pour observer Mantoue, tandis qu'on en rassemble un autre à Brescia pour observer les débouchés du Tyrol. Ce dernier est formé, croyons-nous, de la division piémontaise Cialdini, qui manœuvre de concert avec la légion Garibaldi, de manière à fermer toute la vallée de l'Adige, s'emparer du lac Garda et isoler Vérone du Tyrol. Ce mouvement est confirmé par l'arrivée de Garibaldi à Tirano sur l'Adda, en avant de Sondrio, entre la Suisse et le Tyrol. Seulement, pour couper la ligne de l'Adige et occuper entièrement le lac Garda, il faudra envahir le Tyrol. Or, la diète de Francfort a voté presque à l'unanimité la proposition de la Prusse, relative, entre autres choses, à l'envoi d'un corps d'armée sur le Rhin, et si les Alliés ont le malheur d'envahir le territoire de la Confédération Germanique, ils trouveront les Prussiens sur leur passage.

D'autre part, on annonce l'arrivée sur la rade d'Antivari de la division navale aux ordres du contre-amiral Bouët-Willaumez. Ce port, situé sur une côte neutre et complétement désintéressée dans la guerre actuelle, a été assigné par le vice-amiral Romain-Desfossés comme rendez-vous général à son escadre. L'escadre se compose de cinq vaisseaux de ligne français, huit frégates,

six corvettes, des batteries flottantes et des canonnières, etc.

Mardi dernier, toute l'expédition navale destinée à
opérer dans l'Adriatique était rassemblée sous le pavillon de son commandant en chef, après une traversée
rapide et heureuse.

Cette expédition porte des troupes de débarquement,
des munitions et des approvisionnements considérables,
de sorte qu'elle ne dépend pas de la métropole.

Quelques journaux anglais, dit le *Journal des Débats*,
affectent de s'étonner que notre escadre ait choisi pour
relâche un port ottoman. Il n'y a pourtant là rien que de
très-simple : c'est que de tout temps les ports neutres
ont été ouverts indistinctement aux pavillons des belligérants. Si Malte eût été sur le chemin de notre escadre
aussi bien qu'Antivari, nous sommes certains que le
gouvernement anglais, tout comme le gouvernement
ottoman, ne nous eût pas interdit d'y relâcher.

Antivari est à trois jours de Venise, le point le plus
éloigné de l'Adriatique où l'on puisse avoir à opérer;
de ce côté encore, nous pouvons donc attendre d'un
jour à l'autre des nouvelles importantes.

Il ne nous reste plus qu'un mot à dire sur l'insurrection des provinces dans les États romains et sur les faits qui s'y sont accomplis. La petite armée pontificale a partout donné des preuves de sa discipline et de son dévouement, et sur les 16 ou 17,000 hommes dont elle se compose, il n'y a pas eu plus de 4 à 500 défections. Chaque fois qu'on en est venu aux mains, les troupes ont montré du courage et de la résolution, et elles auraient pu suffire sans doute à défendre l'autorité légitime, sans la force des mauvaises influences du dehors.

Bologne et Pérouse ont reçu des renforts d'hommes et des munitions de la Toscane. Pérouse a dû se soumettre : le Saint-Père avait envoyé l'avocat Lattanzi pour inviter les insurgés à se rendre, mais celui-ci a échoué dans sa pacifique mission. Alors le colonel Schmit, à la tête de son régiment suisse, de 4 compagnies indigènes, avec une centaine de gendarmes et 12 pièces de canon, a attaqué la ville sur trois points à la fois. C'était le 20 juin, à 4 heures du soir : à 7 heures, il s'en rendit maître après une lutte acharnée. On a dû emporter des barricades fort habilement construites, et l'on s'est battu dans les rues et dans les maisons. De l'avis des hommes de guerre ce petit siége a été conduit avec toute l'énergie et la science militaire

désirables. Les troupes pontificales ont perdu un capitaine et 11 soldats ; deux officiers et une vingtaine de
soldats ont été blessés. Le nombre des morts et blessés
du côté des insurgés s'élève, dit-on, à 200.

Le colonel Schmit a adressé le 21 juin aux habitants
de Pérouse la proclamation suivante.

« Une poignée de factieux, appuyée par quelques
personnes séduites, a osé porter atteinte à la souveraineté du Saint-Siége. Envoyé par notre auguste souverain Pie IX pour rétablir dans votre ville le gouvernement légitime, j'aurais voulu éviter toute lutte.
Cependant ceux qui s'étaient emparés du pouvoir ont
poussé l'audace jusqu'à employer les armes. Mes
troupes, en pareille circonstance, ne pouvaient manquer
de remplir un impérieux devoir, quelque triste qu'il
pût être.

» Je dois aujourd'hui rétablir et sauvegarder l'ordre
public, et faisant usage des pouvoirs qui m'ont été
accordés, je déclare et ordonne ce qui suit :

» 1° Le gouvernement pontifical légitime est rétabli
dans toute son intégrité.

» 2° Les actes du gouvernement usurpateur sont
annulés.

» 3° Le gouvernement militaire est installé jusqu'à nouvel ordre.

» Habitants de Pérouse, respectez les lois et je réponds de la discipline de mes soldats. »

La victoire de Pérouse a produit partout un bon effet. L'autorité pontificale est rétablie à Fano, à Sinigaglia et dans d'autres villes. Ancône est occupé militairement par le général Allegrini. « Les armes pontificales sont relevées, dit ce général, l'ordre a été rétabli sans coup férir. La colonne du général Kalbermatten n'est pas encore arrivée. »

Que le Pape se rassure donc, on le laissera tranquille aussi longtemps que les événements qui s'accomplissent dans la haute Italie permettront aux Alliés de s'occuper d'autres soins. En attendant, un acte du gouvernement sarde a supprimé la ligne de douanes entre le Piémont et la Lombardie, et semblable mesure a été prise aux frontières des duchés de Parme et de Modène, de manière que le territoire franco-sarde s'étend déjà, dès aujourd'hui, depuis la Suisse jusqu'aux États pontificaux.

— Il est assez curieux d'ajouter que déjà on signale certains mécontentements à Milan, où l'on se plaint de ce que le gouvernement ne soit pas assez italien.

Les emplois, dit-on, sont donnés aux *Tedeschi,* on conserve trop d'anciens fonctionnaires et l'on n'établit pas assez la différence entre les patriotes de la veille et les patriotes du lendemain. Les Milanais accusent aussi la police d'être autrichienne ; enfin ils en sont venus, paraît-il, à se demander de quel droit le corps municipal avait proclamé l'annexion de la Lombardie à la Sardaigne.

———

Il nous revient des détails trop intéressants pour ne pas trouver leur place ici, sur les actes de barbarie et de déprédation dont les alliés, M. de Cavour en tête, et celui-ci par voie diplomatique, accusent les autrichiens.

D'abord un officier de Garibaldi, M. Gesteldy, fait prisonnier récemment avec cinq chasseurs des Alpes gravement blessés dans une rencontre, s'élève énergiquement dans la *Gazette de Milan* même, contre les prétendus acte de barbarie mis sur le compte des autrichiens, malgré les protestations de M. Amédée Achard lui-même publiées dans le *Journal des Débats.* Non-seulement, dit M. Gesteldy dont il est improbable que qui que ce soit ose suspecter la loyauté, lui et ses compagnons n'ont cessé un instant d'être traités avec une humanité des plus touchantes; mais ils ont été l'objet de tant de soins, en particulier de la part des officiers de santé de l'armée ennemie, qu'ils ne savent comment témoigner leur reconnaissance à tous les officiers de l'armée impériale et royale qu'ils ont eu l'occasion d'approcher.

Mais voici qui est autrement touchant, et nous ne nous étonnerions guère qu'un de ces jours M. de Cavour accusât encore les autrichiens des plus abominables forfaits, comme à Verceil ils avaient été si odieusement accusés, nos lecteurs doivent s'en souvenir, d'avoir enlevé des charretées de jeunes filles pour les jeter dans les casernes en pature aux soldats.

A l'issue de l'affaire de Magenta, alors que la plus grande partie de l'armée autrichienne s'était déjà retirée de Milan, poursuivie, on peut le dire sans blesser personne, par les huées de la population, un bataillon de Croates à demi décimé et poursuivant sa retraite en bon ordre, entre dans la capitale de la Lombardie, se figurant évidemment n'y rencontrer que des compariotes. Les malheureux! qui n'entendent que le slavont et probablement ne comprennent pas trop bien pourquoi ils se battent ou plutôt se font massacrer! Or, au moment où ils se croyaient en sûreté, voilà que les

Milanais, indignés de revoir dans leurs murs l'uniforme autrichien, se jettent sur les Croates en les accablant d'injures, dans cette langue si douce qui n'a pourtant été crée, selon Charles-Quint, que pour parler aux femmes. Les pauvres soldats qui ne s'attendaient guère à pareille réception après s'être couverts de sang en défendant le territoire de l'Empire, s'arrêtent stupéfaits, mettent l'arme au pied et paraissent se demander s'ils ne se sont point trompés de route... Le moment vint bientôt où, continuant à ne rien comprendre mais se voyant exposés à recevoir des coups, les Croates crurent prudent de se remettre en marche pour sortir de la ville, prenant toutefois certaines dispositions prudentes pour tâcher au moins d'exécuter cette retraite avec quelque sécurité. Ils s'en allaient donc l'arme au bras, formés en carré, lorsque vint à passer à cheval un médecin autrichien qui, voyant leur embarras, mit le commandant de ces braves gens au courant des dangers auxquels ils étaient exposés : déjà des meubles se montraient aux fenêtres, des armes même, et la populace surtout devenait de plus en plus compacte et menaçante.

Tout à coup, comme par miracle, une porte s'ouvre et tout un régiment de petites filles se précipte dans la rue.

C'étaient des enfants de cinq à dix ans qui s'échappaient de l'école. Une inspiration subite s'empare de l'officier, qui la communique en slavon à ses croates. Aussitôt chacun d'eux s'empare d'une des petites filles qu'il embrasse et presse dans ses bras. La foule, d'abord, s'indigne davantage, elle va s'élancer avec fureur. Mais un instant encore, et l'on comprend que les pauvres fugitifs n'ont d'autre intention que de s'armer de boucliers afin de pouvoir sortir de la ville sains et saufs...

Aussi la population les suivit-elle complétement rassurée. Et lorsque, aux portes de la ville, les croates embrassèrent encore leurs petits anges gardiens avant que de les rendre à leurs mères, le caractère milanais, si prompt à tous les enthousiasmes, est ainsi fait qu'on applaudit les soldats de l'Empereur François-Joseph et qu'on voulait les retenir, peut être pour les défendre contre les alliés. — Heureusement pour eux, les croates n'avaient rien appris de la douce langue italienne !

Eh bien, nous parierions que c'est à ces affreux barbares que faisaient allusion les journaux français, lorsqu'ils accusaient les autrichiens d'avoir fait massacrer des femmes et des enfants derrière lesquels les lâches se cachaient pour échapper à la mort.

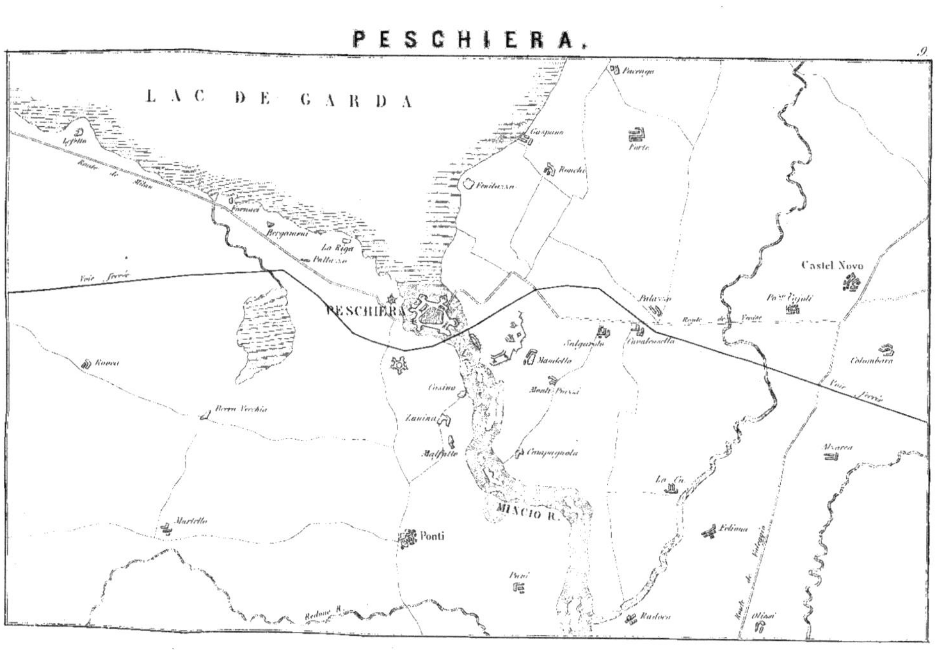
LAC DE GARDA
Lepotta
Route de Milan
Fornaci
Bergamini
La Riga
Pallazzo
PESCHIERA
Voie ferrée
Ronci
Berra Vecchia
Casino
Zanina
Malfatte
Martella
Ponti
Fenilazzn
Gaspann
Ronchi
Mandella
Monti Piazzi
Campagnola
MINCIO R.
Pavi
Redone R.
Bucruga
Forte
Palazzo
Salgarolo
Cavalcaselta
La Cu
Radova
Castel Novo
Per Figali
Columbara
Route de Voise
Voie ferrée
Vearca
Erdima
Route de Salgaria
Olisni

SUSPENSION D'ARMES.

Il y a cette semaine un fait qui domine toutes les autres nouvelles, mais auquel on attache une importance qu'il ne peut avoir, c'est la suspension d'armes annoncée par l'Empereur à l'Impératrice. Peut-être est-ce cette formule victorieuse adoptée depuis le commencement des hostilités, qui égare les meilleurs esprits en leur donnant des espérances de paix dont nous allons rechercher le fondement avec autant de calme qu'en comporte la situation.

Les uns ont vu, dans ce fait de la suspension d'armes, le résultat d'un accord entre l'Autriche, la Prusse et la Confédération-Germanique, et par conséquent un commencement d'action manifesté par l'Allemagne au moment même où ses contingents se concentrent sur le Rhin. D'autres pensent que l'Autriche, froissée de la tiédeur de la Prusse et inquiète de la suprématie que celle-ci paraîtrait vouloir exercer en Allemagne, a voulu agir seule et entamer directement des négociations avec Louis-Napoléon. Enfin, d'après une troisième opinion, la suspension d'armes aurait été consentie par l'Empereur, sur l'invitation de la Prusse, de l'Angleterre et de la Russie, à la suite d'une lettre autographe portée au quartier-général français par un aide-de-camp de l'Empereur Alexandre.

Malheureusement, on ne réfléchit pas à une chose, c'est qu'une suspension d'armes n'est qu'un fait purement militaire et non un fait politique, comme l'armistice, qui donne lieu à des formalités préliminaires indiquant son caractère pacifique. Ainsi, en cas d'armistice, l'on reconnaît la neutralité d'une certaine partie du territoire qui sépare les armées belligérantes, et l'on fixe un point de délimitation.

On ne doit pas perdre de vue que ce n'est point là le caractère du fait purement militaire qui vient de se produire, sur la demande de Louis-Napoléon, dans les circonstances suivantes : le fils du général Urban, un officier d'ordonnance de l'Empereur François-Joseph, avait été envoyé au quartier-général français pour an-

noncer que S. M. I. consentait à l'échange des prison-
sonniers. Or, Napoléon ayant compris que cet échange
ne pouvait se faire pendant la bataille, a fait demander
à son adversaire s'il ne lui conviendrait pas de suspen-
dre les hostilités, en se disant, à part lui, que pendant
ce temps il recevrait des renforts nombreux envoyés
de France pour combler les vides faits par la mort.
Cette proposition a paru d'autant plus humaine à l'empereur d'Autriche, que bien des morts ne sont pas encore enterrés, et que des exhalaisons fétides se répandant sous un soleil de feu, font craindre que la peste
ne marche sur les traces du fléau de la guerre. D'ailleurs les autrichiens aussi attendent de nombreux renforts, et le fait est qu'ils en ont plus grand besoin que
les alliés.

Un point bien autrement important, selon nous, dans
le fait de la suspension d'armes, c'est qu'elle a été con-
clue par l'Empereur Napoléon, stipulant en son seul
nom, comme si Victor-Emmanuel n'existait déjà plus.
Serait-il vrai qu'en voyant chaque jour se grossir l'armée révolutionnaire de Garibaldi, l'empereur Napoléon
commence à s'effrayer des passions qu'il soulève en
Italie, et que les Milanais s'efforcent d'exciter jusqu'en

Suisse par des proclamations incendiaires ? Écoutez-les plutôt, ces Milanais enthousiastes, et dites si de plus hardis que Napoléon III lui-même n'essaieraient pas de reculer.

« Tessinois ! s'écrient-ils, le seul désir de la liberté pouvait vous tenir liés, dans des temps tristes pour l'Italie, à une bizarre et informe confédération avec laquelle vous n'avez que des relations factices, dont vous n'êtes qu'un illogique appendice, qui ne vous regarde que d'un œil de suspicion, et dont vous pourrez, tôt ou tard, redevenir les serfs, comme vous l'avez été pendant près de cinq siècles.

» Le ciel, le sol, la langue, les relations, les habitudes, les intérêts commerciaux, les traditions historiques, les malheurs et les espérances, tout vous unit à nous. Tout ce qu'il y a de plus sacré et de plus vital pour un peuple, vous l'avez en commun, non pas avec la Suisse, mais avec nous.

» Votre volonté est libre ; laissez donc parler la voix du cœur et poussez de toute votre âme ce beau cri que l'Italie est anxieuse d'entendre résonner sur vos plages riantes et dans vos sublimes montagnes : *Nous voulons nous unir à nos frères, nous voulons devenir Lombards-*

Italiens ! Indépendance, liberté, nationalité et unité, voilà ce que vous offrent le roi héros et la terre qui est votre mère. Ne tardez pas, sachez profiter de l'occasion. »

Cette proclamation a été répandue en très-grand nombre dans le Tessin, et à la faveur de la liberté qui règne partout en Suisse, elle circule activement. On ne craint pas les effets de cette proclamation, car les Tessinois ne sont pas hommes à changer leur indépendance actuelle contre l'indépendance très-hypothétique qu'on leur offre ; mais on est blessé de cette manifestation, qui est au moins un acte de mauvais voisinage, car la dictature règne en Lombardie, l'autorité a un pouvoir discrétionnaire, et l'on s'explique difficilement qu'une pareille pièce ait pu être imprimée et affichée à Milan sans une certaine connivence de l'autorité. C'est ainsi que l'a envisagé le conseil fédéral, qui a déjà fait adresser des représentations énergiques à la cour de Turin.

Quoiqu'il en soit et quelque puissent être les intentions des hommes entre les mains de qui se trouve aujourd'hui la paix du monde, nous devons constater que les hommes d'état les plus graves sont loin de prévoir la fin des calamités que nous a ramenées l'Empire. A la chambre des lords d'Angleterre, si calme d'ordinaire, nous avons entendu le vénérable lord Lyndhurst, aux applaudissements de toute la chambre, attaquer Louis-Napoléon avec une telle violence qu'il a fait oublier tous les discours de ce bouillant M. Roebuck que les colonels français voulaient aller écharper à Londres avant l'entrevue de Cherbourg. Puis lord Lyndhurst a réclamé une flotte dans la Manche, qui puisse lutter avec avantage non-seulement contre les flottes françaises, mais encore contre les flottes coalisées de la France et de la Russie. Il veut en outre une flotte assez puissante pour assurer à l'Angleterre la domination dans la Méditerranée, car sans cela elle perdrait son influence et ses possessions sur ce point, et surtout elle n'aurait plus le commandement de la route des Indes par l'Égypte. Enfin lord Lyndhurst veut une troisième flotte en état de protéger les possessions coloniales de l'Angleterre sur les autres points du monde, notamment dans les Antilles.

Et comme conséquence de ce pied de guerre formidable, de ces armements défensifs qui menacent tout le monde, la Chambre des Lords demande que le gouvernement organise la puissante réserve de matelots recommandée par la commission de la marine, qu'on ouvre de nouveaux chantiers de construction, et qu'on prépare des machines capables de répondre à tous les besoins et à toutes les éventualités. Tout cela ne suffira pas : il faudra encore cent mille hommes de troupes régulières et cent mille hommes d'une milice disciplinée et exercée, prêts à entrer en campagne. — Ne pourrait-on pas, quelque jour, trouver que l'Irlande aussi est un pays opprimé et qu'il est nécessaire d'aller la révolutionner? Après cela le vénérable lord Lyndhurst a ajouté qu'il ne voulait pas attaquer la France, mais il a assez clairement donné à entendre que du jour au lendemain l'Angleterre serait prête à prendre l'offensive.

Nous devons ajouter que la politique russe n'est guère aussi hostile à l'Empereur Napoléon, et que le prince Gortschakoff fait tous ses efforts pour empêcher la Confédération germanique de prendre fait et cause pour l'Autriche. Cette Confédération, dit-il, est un élément de l'équilibre européen, mais dans les limites tracées par les traités. Une attitude offensive conquérante n'en ferait pas un instrument de l'ordre et de la paix, mais de surexcitation et de conflit.

Si un membre de la Confédération germanique attaque, à ses propres risques, les droits d'autres puissances, alors la Confédération, d'après le paragraphe 37 de l'acte du Congrès de Vienne, refuse son appui à ce membre et agit même, en cas de besoin, contre celui qui a rompu la paix. Ainsi, en admettant que l'Autriche ait menacé à main-armée l'indépendance de la Sardaigne, la Confédération germanique, en vertu des §§ 36 et 37 de l'acte du 15 mai 1820, doit faire citer l'Autriche devant son forum et la forcer à la conclusion de la paix ou à une indemnité vis-à-vis du Piémont. L'Autriche fait actuellement la guerre pour ses possessions non-allemandes.

Dans le cas même où elle ne serait pas l'agresseur, mais la partie attaquée dans ses possessions non-allemandes, cela ne regarde en rien la Confédération, ce qui est confirmé par les §§ 46 et 47 de l'acte du 15 mai 1820, qui portent : « Une pareille guerre reste étrangère à l'Allemagne, et la Confédération germanique ne porte secours à la puissance allemande attaquée que quand la guerre menace l'Allemagne. » Pourquoi donc l'Allemagne s'immiscerait-elle dans la guerre actuelle par une invasion en France, et provoquerait-elle une guerre européenne dont les conséquences seraient incalculables ?

Cette conclusion nous ramène naturellement au cas où l'Allemagne puisse être attaquée dans ses possessions, car on se demande précisément ce que vont faire Garibaldi et une division sarde dans les montagnes du Stelvio, s'ils n'ont pas l'intention d'attaquer le territoire de la Confédération. Aussi la Prusse, sans trop s'inquiéter de l'opinion russe, continue sans désemparer ses apprêts militaires. A la fin de la semaine ses troupes étaient en marche pour leurs positions. Deux corps d'armée restent en Silésie et 1,200 hommes travaillent aux fortifications de Kœnigsberg. La garde stationne entre Wittemberg et Erfurt ; 80 mille hommes stationnent à Dusseldorf, 40 mille à Cologne et 20 mille à Coblentz.

En attendant la reprise des hostilités, Vérone devient le centre d'un camp gigantesque, tel qu'on n'en a peut-être jamais vu. Tous les corps d'armée de l'aile droite autrichienne campent dans ses forts, ses casernes et en dehors de ses murs. Les trains et les bivacs s'étendent devant toutes les portes, les ouvrages avancés sont pleins d'hommes et de chevaux. Quant aux troupes du centre, elles ont pris position en deça du chemin de fer de Vérone à Mantoue vers l'Adige, et celles de l'aile gauche s'étendent de Mantoue à Ostiglia, le long du Mincio inférieur et du Pô.

Les troupes modenaises défendent Mantoue, Curtatone et Legnano.

Néanmoins les Autrichiens attendent encore de nombreux renforts et le quatrième corps d'armée s'est porté en avant pour occuper la ligne du Pô jusqu'à la mer.

Aussi, dans les positions où ils se trouvent, ne comprenons-nous pas trop que les alliés eussent pu reprendre avec succès l'offensive sur toute la ligne. Les Piémontais, d'abord, auraient eu assez du siége de Peschiera qu'ils ont commencé en traçant leurs premières parallèles sous le feu de la place, car évidemment cette place là, défendue et armée comme elle l'est, n'est pas disposée à se rendre. Un peu plus bas, il y a bien le prince Napoléon à la tête de 30 mille hommes, mais c'est à peine ce qui lui serait nécessaire, non pas pour faire le siége de Mantoue, mais pour tenir en respect une armée tout entière qui pourrait, se joignant à celle de Legnano, menacer les derrières du corps principal

de l'armée française, tandis que la garnison de Vérone
exécuterait une sortie décisive.

Il est vrai que nous comptons ici sans Garibaldi qui
menace l'Adige au-dessus du lac Garda et voudrait
couper les communications de Vérone avec le centre
de l'Empire autrichien. Mais sans compter qu'il y aurait
là une violation du territoire de la Confédération, il y
a à traverser le col du Stelvio qui est situé dans l'arête
latérale qui joint la chaine centrale des Alpes rhétiennes
au massif l'Ortler et qui ceint le haut de la Valteline.
Or, toutes les troupes autrichiennes du Vintschgau
(Tyrol) se sont concentrées sur ce point qui est presque inaccessible, attendu qu'il suffit de 50 hommes
pour le défendre contre 1,000. En effet, le Stelvio est
coupé par une route militaire taillée dans le roc à
8,850 pieds d'élévation, c'est-à-dire à 1,163 pieds plus
haut que le fameux col du grand Saint-Bernard. Aussi
comprend-t-on aujourd'hui pourquoi le génie autrichien
s'est obstiné à relier Vienne à Milan, par cette route
fameuse qui passe à près de 1,000 pieds au-dessus des
neiges perpétuelles.

La montée commence près de la petite ville de
Glurns. On entre dans un vallon étroit, anguleux, que

parcourt le torrent des glaciers de l'Ortler et des neiges du col. Après avoir fait deux lieues sur une pente assez douce on rencontre les premiers zigzags de la route qui mènent à un coude d'où l'on voit enfin, droit devant soi, les glaciers du Cristallo et à gauche l'Ortler-Spitz, cône couvert de neige glacée, haut de 12,058 pieds et point culminant de tout le Tyrol. A droite, c'est le col même qui se démasque, ainsi que les interminables zigzags qui y mènent. Sept longues galeries solidement voutées protègent les points les plus exposés de la route contre les avalanches et les coulées de pierrailles. Là, toute végétation a cessé, ce n'est plus que roc et neige. On n'entend même plus le mugissement des torrents, le silence de mort qui règne au sommet de ces hauteurs n'est troublé que par le sifflement strident de l'aigle, le grondement des avalanches ou celui du tonnerre.

La partie la plus intraitable de ce passage, la plus extraordinaire comme difficulté vaincue, comme terrible magnificence, c'est une immense déchirure au fond de laquelle l'Adda roule et bondit en rugissant parmi les rochers qui encombrent son lit. C'est au milieu de ces précipices qu'on a pratiqué une bonne route. Là,

aux ponts jetés sur les ravins ou collés aux rochers
perpendiculaires, succèdent les galeries excavées dans le
roc ou solidement voutées, et c'est par dessus ces galeries que bondissent les cascades. Enfin la route s'é-
chappe du gouffre et descend à Bormio, où l'enfer se
fait paradis.

En vérité, nous ne pouvons croire que Garibaldi
puisse s'ouvrir ce passage, et nous doutons qu'il l'ose.

Aussi plus nous examinons cette situation, plus nous
comprenons que Napoléon ait le premier demandé une
suspension d'armes. Nous comprenons si bien que cette
suspension était nécessaire pour lui, que nous serions
tentés de croire, avec certains hommes d'imagination,
que les deux empereurs sont en train de s'entendre
pour en finir avec la révolution, qui prend des proportions épouvantables.

A en croire M. de Cavour, Victor-Emmanuel ne veut
pas violer le territoire des États pontificaux, comme il
a fait de ceux de Modène et de Parme, en acceptant la
dictature; mais toutefois, « reconnaissant ce qu'il y a
de noble et de généreux dans le sentiment qui a poussé
les peuples à concourir à la guerre soutenue pour une
grande cause par le Piémont et son généreux allié, l'em-

pereur des Français, Victor-Emmanuel ne peut se refuser, malgré son profond respect pour le Saint-Père,
à prendre sous sa direction les forces que ces pays
organisent en ce moment, et qu'ils se disposent à mettre
au service de l'indépendance italienne.

» Le roi accomplira ainsi la double tâche de diriger
le concours de la Romagne à la guerre, et d'empêcher
que le mouvement national qui vient de s'opérer ne
dégénère en désordre et en anarchie. »

C'est à cette fin que M. de Cavour a envoyé M. le
chevalier Massimo d'Azzeglio à la municipalité de Bologne. Et l'on appelle cela respecter le droit des gens et
les territoires neutres !

Aussi les protestations commencent-elles à se produire au tribunal des nations. Après celle du Pape, voici
celle de Mme la duchesse de Parme, qui est un document
d'une trop haute importance pour ne pas être enregis-
tré dans l'histoire :

« Nous, Louise-Marie de Bourbon, régente des États
de Parme pour le duc Robert Ier.

» Éloignée du pays que nous gouvernions avec un

véritable amour au nom de notre fils orphelin, nous avons été très-péniblement affectée en apprenant les graves changements politiques qui s'y sont accomplis contrairement aux dispositions laissées par nous en partant, contrairement aux droits et aux intérêts du duc de Parme.

» En conséquence, nous sommes forcée, bien malgré nous, d'élever des plaintes contre une partie de nos sujets et contre un gouvernement voisin, qui a l'intention de se substituer à notre place et qui veut sans motifs légitimes nous considérer comme ennemie.

» En vérité, nous n'aurions pas cru devoir nous attendre à de pareils événements !

» Lorsque le 3 mai, nos sujets vinrent de leur propre mouvement se replacer sous notre autorité, nous avions vu dans ce fait un signe de bonnes dispositions du pays à notre égard; quant à l'étranger, nous recevions sans cesse de la part de toutes les puissances, y compris les puissances belligérantes, des témoignages d'une entente cordiale, qui répondait parfaitement à la politique que nous avons constamment suivie.

» Néanmoins, les événements survenus dans les États de notre maison, d'abord à Pontremoli, puis dans

la capitale, et, enfin, à Plaisance, sont des violations
des droits de notre fils le duc de Parme Robert Ier, et
nous ne pouvons nous empêcher de protester d'une
manière publique et solennelle, comme nous le faisons
par le présent document, contre les actes de rébellion
que se sont permis les municipalités de Parme, Plaisance et Pontremoli, en parlant au nom des populations, en s'arrogeant le droit de les délier de l'obéissance qu'elles doivent au duc comme ses sujets, après
quoi ces municipalités ont proclamé l'incorporation du
pays au royaume de Piémont. Nous protestons, en
outre, contre le procédé du gouvernement piémontais
d'abord dans la province de Pontremoli et ensuite dans
d'autres parties du pays, attendu que ce gouvernement
a d'une part attisé et appuyé la révolution, que, d'autre
part, contrairement à tout droit, contrairement aux
stipulations des traités européens en général et des
traités spéciaux avec le Piémont en particulier, il a accepté la remise qui lui a été faite du duché de Parme,
et cela sans aucune provocation ni cause légitime de
guerre.

» En même temps nous repoussons tout argument
qu'on pourrait invoquer comme motif ou prétexte de

droit ou de fait pour nous rendre solidaire de l'Autriche relativement aux actes de cette puissance vis-à-vis du Piémont lorsqu'elle s'est retirée de la forteresse de Plaisance.

» Nous protestons en outre contre tous ceux qui, dans le cours des vicissitudes politiques, ont porté ou porteraient atteinte d'une manière quelconque aux droits de notre fils, droits que nous déclarons par le présent acte vouloir maintenir intacts et dans toute leur intégrité.

» Nous protestons et déclarons que nous considérons comme nuls, non avenus et de nul effet tous les actes qui se sont déjà produits ou pourraient se produire encore dans les États de Parme contre les droits de notre fils bien-aimé.

» Nous protestons contre les conséquences de ces actes, nous réservant, en quelque temps que ce soit, et par tous les moyens légaux, de faire valoir les droits prémentionnés.

» Nous faisons cette protestation en présence de Dieu et des hommes ; *nous protestons non-seulement dans l'intérêt de notre fils, mais aussi dans l'intérêt de ses sujets,* et nous voulons que notre protestation soit portée à la connaissance des puissances sur lesquelles repose le droit public de l'Europe.

» Nous en appelons à ces puissances, avec la confiance que dans leur haute justice, dans l'intérêt de l'inviolabilité des droits des souverains et des États, dans leur magnanimité enfin ils prendront à cœur et appuieront efficacement la cause du jeune orphelin souverain de Parme.

» Donné à Saint-Gall, en Suisse, le 20 juin 1859.

» LOUISE.

» Pour copie conforme :

» G. PALLAVICINO, secrétaire particulier. »

Nous devons ajouter à cela que cette Italie si hétérogène qui n'a jamais pu s'entendre, est déjà en partie, à l'heure qu'il est, aussi irritée contre le gouvernement du roi Victor-Emmanuel qu'elle l'était il y a deux mois contre le gouvernement autrichien. Il a suffi que l'on donnât cours forcé aux billets de la banque de Gênes pour exciter le mécontentement des Lombards auprès desquels les agents bonapartistes font tout ce qu'ils peuvent, du reste, pour leur faire comprendre qu'il n'est de plus grande gloire que celle d'être Français. Généralement, en Lombardie, dans le monde des finances surtout, on n'a qu'une très-médiocre confiance dans la situation financière du Piémont. Si l'on ajoute à cela le discrédit dans lequel est tombé le papier, pendant la domination autrichienne, on comprendra combien une pareille mesure, habilement exploitée, a pu éveiller de défiances. On en est déjà venu à ce point qu'à toutes les vitrines des libraires, à Turin comme à Milan, on affiche invariablement trois portraits, Napoléon III entre Orsini et Garibaldi, et qu'on relègue Victor-Emmanuel au second plan.

« En vérité, ce siècle est un mauvais moment. »

A la suite de la bataille de Solferino, où l'on a pu apprécier le talent d'initiative de tous les généraux, plusieurs
commandements supérieurs de l'armée autrichienne
ont été changés. Le lieutenant feld-maréchal Zedwitz,
qui commandait la division de cavalerie de réserve de
la première armée à Medole, est remplacé par le lieutenant feld-maréchal comte Sternberg. Les commandants du 1er et du 2e corps, le comte Clam et le prince
de Lichtenstein, sont envoyés à la 3e armée. Quant au
feld-maréchal Benedeck, qui est le héros autrichien de
la Bataille de Solferino où il a tenu toute la journée
contre l'armée piémontaise qu'il a constamment fait
plier, jusqu'au moment où il a été forcé de battre en
retraite par ordre de l'Empereur, le maréchal Benedeck,
disons-nous, a pris le commandement de la première
armée.

Cet officier distingué, aussi savant que brave, passe
aujourd'hui, après le feld-zeugmestre de Hesse, pour
le général le plus capable, le plus habile et le plus po-

pulaire de l'armée autrichienne. On rapporte que sur les hauteurs de San-Martino il a fait des prodiges de valeur qui ont électrisé ses soldats. Ainsi le régiment de ligne don Miguel faisait mine de ployer sous le feu croisé de l'ennemi, et sa retraite allait entrainer celle de toute une brigade. Benedeck se lança le sabre au poing à la tête de ce régiment, et, en prenant le commandement : « A moi, Hongrois ! s'écria-t-il, ce sont des lâches les soldats qui abandonnent leur général et leur compatriote, et vous êtes des Hongrois ! »

Le régiment tout entier, à ces mots, s'est lancé dans la sanglante mêlée comme un boulet de canon et a fait une trouée horrible dans l'armée piémontaise.

Aussi Benedeck a-t-il la confiance la plus absolue de ses soldats et les mènera-t-il toujours où il voudra. — Malheureusement, car c'est là le côté faible des Autrichiens, ils ont peu de généraux aussi brillants.

Nous ne terminerons pas ce *Bulletin* sans constater d'après le rapport autrichien, comme nous l'avions déjà fait remarquer dans notre précédente livraison, que sur aucun point l'ennemi n'a osé contrarier le moins du monde la retraite des troupes, ce qui prouve suffisamment qu'à la fin de la bataille les alliés se sont trouvés hors d'état de continuer la lutte. On peut donc en croire le rapport de la *Gazette de Vienne,* lorsqu'il dit que l'armée autrichienne n'est pas ébranlée et se tient prête au combat dans les positions qui lui ont été désignées par l'Empereur. Si les forces supérieures de l'ennemi et un concours de circonstances contraires lui ont encore dérobé la palme de la victoire à Solferino, elle se sent cependant encouragée et relevée par la conscience qu'elle a d'avoir non-seulement donné à l'agresseur des preuves réitérées de sa vaillance et de sa fermeté, mais encore, dans cette nouvelle rencontre, de lui avoir causé aussi de grandes pertes, d'avoir essentiellement ébranlé ses forces, et contribué par là, au moins en partie, à amener le succès final.

Hier, lundi, les deux empereurs ont eu une entrevue à Villafranca, où est établi le quartier-général français. La dépêche annonçant ce grand fait historique ne parle même pas de Victor-Emmanuel, ce qui prouve assez, comme nous l'avons toujours soutenu, qu'il ne s'agit pas plus de lui que de la liberté de l'Italie dans ce qui se passe aujourd'hui.

Napoléon III a adressé à son armée un ordre du jour dans lequel il annonce qu'il rentre à Paris, mais retournera en Italie à la fin de la trève, si les hostilités doivent recommencer. C'est à son chef d'état-major, le maréchal Vaillant, que l'Empereur a remis son commandement.

INDEX DU PLAN.

—

Les positions des armées belligérantes, prises au moment de la conclusion de l'armistice sont indiquées sur la carte ci-jointe comme suit :

A Goïto, une tente blanche indique le quartier-général de Canrobert; au nord de Valeggio une tente bleue donne la position de Mac-Mahon.

Le quartier-général de Baraguay-d'Hilliers devant Peschiera est figuré par une tente rouge ; enfin une tente tricolore indique le quartier-général de l'Empereur devant Vérone.

Les occupations autrichiennes sont figurées par le rouge et les corps piémontais par le jaune.

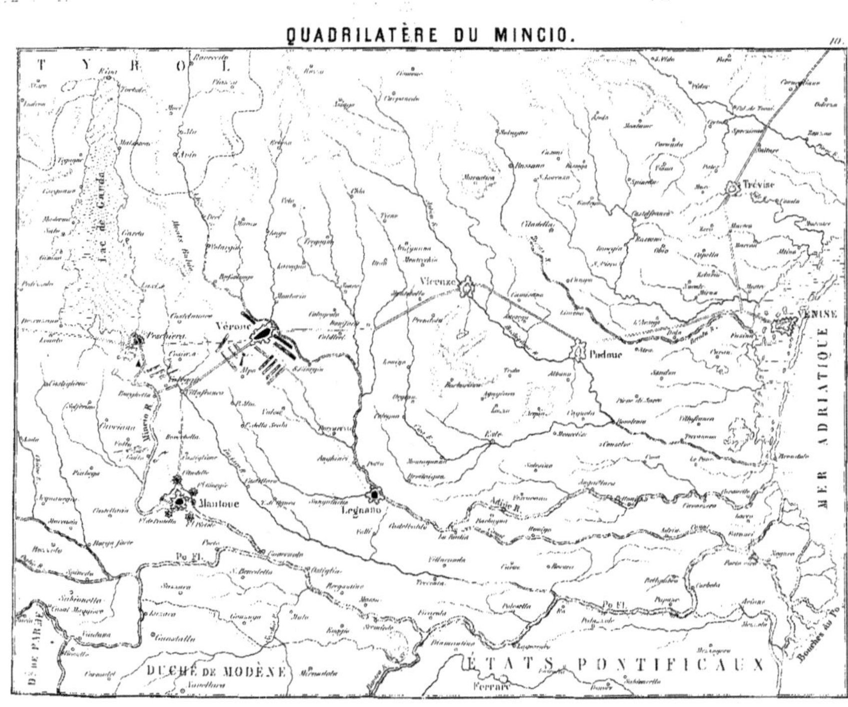
TYROL
Lac de Garda
Vérone
Vicenze
Padoue
VENISE
MER ADRIATIQUE
Trévise
Peschiera
Villafranche
Mantoue
Legnago
Po Fl.
DUCHÉ DE MODÈNE
ÉTATS PONTIFICAUX
Ferrare
D. DE PARME